CB065617

Copyright © 2019 Andrei Venturini Martins
Copyright da edição brasileira © 2019 Editora Filocalia

Editor | Edson Manoel de Oliveira Filho
Produção editorial e projeto gráfico | Editora Filocalia
Diagramação e capa | Mauricio Nisi/Nine Design gráfico
Preparação | Mariana Cardoso
Revisão | Geisa Mathias de Oliveira

Reservados todos os direitos desta obra. Proibida toda e qualquer reprodução desta edição por qualquer meio ou forma, seja ela eletrônica ou mecânica, fotocópia, gravação ou qualquer outro meio de reprodução, sem permissão expressa do editor.

Dados Internacionais de Catalogação na Publicação (CIP)
Angélica Ilacqua CRB-8/7057

M341v

    Martins, Andrei Venturini, 1979-
       A verdade é insuportável : ensaios sobre a hipocrisia / Andrei Venturini Martins. – São Paulo : Filocalia, 2019.
       104 p. ; 23 cm.

       Bibliografia
       ISBN: 978-85-69677-23-9

       1. Hipocrisia 2. Filosofia 3. Verdade 4. Ética social I. Título

19-1750   CDD 177.3

Editora Filocalia Ltda.
Rua França Pinto, 509 • São Paulo • SP • 04016-032 • Telefone: (5511) 5572-5363
atendimento@filocalia.com.br • www.editorafilocalia.com.br

Este livro foi impresso pela Mundial Gráfica em setembro de 2019.
Os tipos são da família Bembo DTL Elzevir. O papel do miolo é o
Lux Cream 80 g e o da capa, cartão Ningbo C2 250 g.

A VERDADE É INSUPORTÁVEL

Andrei Venturini Martins

Ensaios sobre a hipocrisia

FILOCALIA

Sumário

Nota Introdutória do Autor 11

1. A Verdade É Insuportável 15
2. De Olhos Bem Fechados 21
3. Amantes no Inferno 27
4. Via-Sacra do Amor 33
5. Autópsia Intelectual de um Condenado
   à Morte 37
6. Condenados à Solidão 43
7. Tristeza da Alma: Luto e Melancolia 47
8. A Insatisfação do Poeta 53
9. Tédio: Tristeza Profunda 57
10. Mídia: Onde a Verdade Não Habita 61
11. Ateísmo Panfletário 67
12. Homens e Deuses 71
13. Da Inútil Exigência da Utilidade 75
14. A Crença em um Feliz Ano Novo 79
15. Manual para um Hipócrita 83
16. Pastoral Acadêmica 87

Bibliografia 99

Este livro é dedicado a todos os hipócritas da Terra.

*Com amor, agradeço à minha esposa
Fernanda Martins Joseph, por me ajudar
a sair das cinzas da indiferença.*

Nota introdutória do autor

"Não é certo que odiamos a verdade e aqueles que no-la dizem, e que gostamos que se enganem em benefício nosso, e que queremos ser estimados como se fôssemos outros e não aquilo que realmente somos?"[1]
– Blaise Pascal

Por algum motivo, este mundo se preocupa com a verdade. Esta palavra sempre gerou interesse naqueles raríssimos homens que carregam nos ombros a difícil tarefa de pensar com franqueza. A pergunta *"Quid est Veritas?"*,[2] que marca a história do pensamento ocidental, foi feita por um político poderoso, conhecido prefeito de uma província romana: Pontius Pilatus. Quando fez esta pergunta a Cristo, a resposta foi imediata: um silêncio aterrorizador de um homem que seria condenado à morte. Diante de um possível debate especulativo sobre a verdade, Cristo se cala: o silêncio torna-se a melhor resposta daquele que faz da sua vida uma expressão da verdade. É este mesmo silêncio aterrorizador diante da verdade que emana das relações humanas. Atualmente, quem ousa dizer a verdade não será crucificado como o nazareno, mas poderá deparar-se com as formas mais sutis de boicote, ou, quem sabe, com uma vala de sete palmos de profundidade.

---

[1] Blaise PASCAL, *Pensamentos*. Trad. Mário Laranjeira. São Paulo: Martins Fontes, 2001, Laf. 978; Bru. 100.
[2] [O que é a Verdade?]

Dizer a verdade implica um compromisso: se ela é exaltada, seu oráculo é exaltado, mas se é tripudiada, expulsa, dilacerada e morta, então aquele que a diz sofrerá as mesmas consequências. Um personagem lapidar que vinculou a sua vida filosófica à verdade foi Sócrates. Crítico veemente daqueles que afirmam tudo saber, porém nada sabem, este filósofo foi capaz de despertar o ódio tanto dos políticos quanto dos poetas, artesãos e oradores da época: a verdade é que os homens fingem serem sábios. Na *Apologia de Sócrates*, obra na qual Platão discorre sobre a injusta condenação de seu mestre, Sócrates revelou com precisão aquilo que os cidadãos atenienses empreendiam todas as suas forças para escamotear: o abismo de ignorância. A cada conhecimento, ressaltava o excelso pensador grego, um hiato de ignorância se abre. Saber que não sabemos é um grande avanço. Por seu compromisso com a verdade, Sócrates foi condenado à morte, pois ela incomoda os hipócritas e, por este motivo, deve desaparecer do espaço público.

Outro pensador que refletiu sobre a tentativa comum de dilacerar a verdade foi Blaise Pascal, filósofo do século XVII. Ele ressaltou o empenho dos hipócritas em aniquilá-la: o homem odeia a verdade, já que ela incomoda, e portanto viver é ocultar aquilo que todos odeiam. Quem concede luz à verdade é um traidor: a mentira balizará os contratos sociais. Se odiamos escutar a verdade, então será de bom-tom que ninguém a diga nos encontros enófilo-gastro-culturais dominicais. Porém, se alguém a diz, certamente será o mais prejudicado. No entanto, como o homem é estranho: quem gosta de ser enganado? Penso que ninguém diria publicamente que *sim*! Mas quando alguém diz a verdade, nua e crua, torna-se nosso pior inimigo. Desta maneira, para benefício do homem em sua sede de socialização, a verdade sobre si e sobre os outros deve ser enterrada. Afinal de contas, quem ousaria dizer a verdade?

Caríssima leitora, mulher independente e competente, sereis capaz de dizer tudo que pensais a vosso chefe? Caro canalha, direis tudo que já fizestes contra a vossa retíssima esposa? Padres, nas homilias dominicais da santa missa, sereis corajosos o suficiente para publicar todas as vossas taras? Pastores, sereis desinteressados o bastante para doar todos os vossos bens pela evangelização dos povos da Terra? Manifestantes, amantes da justiça, gritaríeis aos quatro cantos do mundo se fosse o ódio, puro e simples, que vos encanta a cada gesto revolucionário? Fracassado, confessaríeis aos homens a vossa preguiça? Rico, quais os livros que foram lidos daquela vossa suntuosa estante, localizada na apoteótica sala de estar onde recebeis vossas visitas? Solitário, cultuais a solidão porque a amais ou, ao contrário, sois terrivelmente insuportável? Professores, amais a verdade ou os louros da bajulação acadêmica? E vós, caro leitor, acreditais que a democracia é a melhor forma de governo? Que o amor de uma mãe por seus filhos é natural e não um hábito social que pode ser perdido? E quando vossa namorada vos diz, olhos nos olhos, *Eu te amo*, acreditais? Marido, cidadão honesto e honrado, como quase todos acreditam ser, gestor de uma empresa bem-sucedida, chefe de uma família tão feliz quanto aquelas das propagandas de manteiga *light*, tendes certeza de que, em vosso leito de amor, vossa esposa em vós pensa durante uma transa intensa? Ora, quem não mente que atire a primeira pedra!

A reflexão sobre os possíveis ruídos que a verdade poderia causar partiu do meu doutoramento em Blaise Pascal. Ousei pensar como ficaria o mundo quando acometido por um surto de verdade. Em meu pesadelo literário, a Terra ficaria de pernas para o ar, intensificando a guerra de todos contra todos. A verdade, que cada um esconde sobre si e sobre os outros, saltaria aos olhos e manifestaria o bolor da hipocrisia. Por este motivo, atentei responder a seguinte questão: o que é um hipócrita? Os hipócritas, estes mortais que venceram, são os engenheiros da mentira de caráter: escamoteiam a verdade em nome da convivência social, fazendo da vida humana uma espécie de parque infantil recheado de cínicos. Penso que um certo grau de hipocrisia seja necessário para a convivência humana, porém, quando ela ganha contornos industriais, manifestando-se nas famílias, escolas, universidades, mídias, religiões, diplomacias e política, é necessário fazer brotar uma certa dose de verdade através da crítica.

Este livro pretende refletir aquilo que quase todo mundo ao menos duvida, mas só os heróis confessam. Além da Verdade e da Hipocrisia, temas como a Morte, o Amor, o Mal, a Mídia, a Educação, a Liberdade e o Ateísmo são abordados por meio de ensaios curtos. Sou formado em Filosofia, mas me esforcei para retirar parte da linguagem técnica dos especialistas a fim de apresentar ao não *scholar* as reviravoltas das relações humanas. Em cada ensaio destaco uma obra que funciona como faísca para uma grande fogueira reflexiva: é isso que chamo de *leitura pensante*. Além da leitura dos pequenos textos neste livro apresentados, o leitor poderá se interessar pelas obras indicadas e fazer o seu próprio percurso intelectual. O livro pretende ser o ponto de partida, o fio condutor em direção à autonomia, à liberdade e à arte de filosofar, fazendo um contraponto à hipocrisia repetitiva, escravocrata e inimiga da sabedoria.

Por fim cabe a pergunta, como o primeiro raio que irrompe frente à costumeira tempestade dos textos de Pascal e Nietzsche: hipócritas do mundo, o quanto de verdade suportais?

Capítulo 1

A Verdade É Insuportável

"O homem não é, portanto, senão disfarce, mentira e hipocrisia."[1]
— Blaise Pascal

E se houvesse um surto de verdade? Imagine se todos resolvessem dizer a verdade em seus trabalhos? O que o empregador diria de seus funcionários? O que os funcionários diriam de seu chefe? Como reagiríamos à pergunta mais comum do cotidiano: — *Tudo bem com você?* Correríamos o risco de escutar: — *Não! Tudo vai mal!* Diante de um surto de verdade, falaríamos aquilo que causaria danos a nós e escutaríamos o que não gostaríamos de escutar.

Não há dúvida de que não falamos tudo aquilo que pensamos, nem revelamos todas as nossas imperfeições. Mesmo quando estamos cientes de nossas mazelas desejamos ser estimados pelos outros e, mais do que isso, nos consideramos dignos de estima. A verdade sobre nossas imperfeições – os desejos mais sangrentos, as vinganças cruéis, as

---

[1] Blaise PASCAL, *Pensamentos*. Laf. 978; Bru. 100.

traições sutis, as fofocas devastadoras, a inveja, a cobiça, a preguiça, o desejo de poder, o orgulho – é cuidadosamente escondida dos outros homens. Empreendemos um grande esforço a fim de encobrir os nossos defeitos tanto dos outros quanto de nós mesmos. Todas as misérias que não toleramos escondemos daqueles que nos rodeiam e, obcecados pela repetição hipócrita das mentiras que divulgamos, começamos a acreditar nestas distorções que criamos quando falamos de nós mesmos. É desta maneira que produzimos "uma ilusão voluntária",[2] como bem destacou Blaise Pascal.

A ilusão que criamos sobre nós é um obstáculo que não nos permite reconhecer nossos defeitos, a verdade sobre nosso caráter, impelindo-nos a odiar aqueles que nos revelam a realidade que não suportamos. Não nos agrada que os outros mintam para nós, mas se alguém nos diz a verdade, desnudando a precariedade que não enxergamos, o odiamos abertamente. Queremos que os outros reafirmem a imagem ou a máscara que forjamos para viver socialmente. E como inventamos tal máscara? Repetimos no cotidiano aquilo que gostaríamos de ser, a tal ponto que, com o tempo, acreditamos que somos aquilo que fantasiamos. Tal máscara esconde inúmeras características que repugnamos e que são inaceitáveis socialmente. Porém, quando alguém quebra esta mentira de caráter, a fim de nos livrar da ignorância de nossas imperfeições, o acusamos de injusto. No entanto, este indivíduo que revela abertamente o que não queremos ver e ouvir é aquele a quem deveríamos chamar de amigo.

O amigo é aquele que diz a verdade sobre nós e não repete o movimento de autoengano que promove uma sociabilidade relativamente pacífica e medíocre. Na realidade, contudo, cultivamos uma aversão à verdade: dizê-la é desvantajoso para aqueles que a dizem. É certo que não queremos que ninguém minta para nós, mas mentimos para os outros escamoteando os nossos defeitos. Portanto, se nos mentem, repudiamos o mentiroso, e se nos dizem a verdade, odiamos

---

[2] Blaise PASCAL, *Pensamentos*. Laf. 978; Bru. 100.

quem no-la diz. Ora, o ser humano é muito contraditório, e tão instável que não sabe nem mesmo o que quer.

Um surto de verdade traria a qualquer cidade uma epidemia de confusão. A verdade não é deste mundo e, até onde sabemos, de nenhum outro. Onde reina a verdade não há civilização. Ser civilizado é, em certa medida, fazer um pacto com a mentira que funda as relações sociais e, por consequência, as mantêm. Se, por algum milagre, alguém conseguisse impedir que a mentira fosse o fundamento da vida em sociedade, será que conseguiria fundar a civilização em algum outro critério que pudesse gerar um mínimo de convivência pacífica e ordenada? Por exemplo: todos devem revelar seus vãos pensamentos indiscriminadamente. Se assim o fosse, não tenho dúvida de que a vida em sociedade seria um caos! Sublinho, porém, ao leitor apressado, que não se trata de sustentar uma apologia à mentira, mas indagar o quanto de verdade suportamos para viver em sociedade, como indagou Nietzsche. Por hora, não podemos esquecer que o engodo é parte das relações sociais e, negar isso, é confessar a nossa própria hipocrisia.

É claro que uma mulher independente não dirá tudo que pensa de seu chefe, pois a satisfação da sua independência financeira depende do seu silêncio cotidiano: uma histérica falando a verdade é uma trabalhadora no olho da rua. Quantos "sapos" um pai de família tem que engolir para continuar ganhando a vida? Mas levar desaforo para casa para manter o ganha-pão não diz respeito somente à classe operária: o quanto de propina teria que pagar um empresário para continuar no mercado? Quanto devo para aquele que me "arrumou" este emprego público do qual desfruto tranquilamente? Qual será o preço a pagar àquele que elaborou o edital de um concurso público para que minha aprovação fosse certa? Quanto os inúmeros "companheiros" pagam para continuar no poder? O Brasil é o resultado de uma péssima geração de políticos e eleitores.

Caro leitor, se nas negociatas materiais a verdade se esconde, imagine então nas espirituais, coordenadas por ratos de sacristia que usam da fé popular para vender seu peixe. Um rato de sacristia é formado a partir de três pilares fundamentais: *adular* quem tem mais poder, *administrar* os mercados espirituais e *esconder* suas taras. *Adula* os poderosos para se manter no poder. Um padre corrupto, por exemplo, é o senhor espiritual tanto do prefeito quanto do presidente – quem fala mal da Igreja perde a eleição –, mas também dos pobres e miseráveis. Ele tem o poder efetivo quando se alia aos grandes, e, ainda, quando coordena a massa em tempos de democracia. Em inúmeros acontecimentos a Igreja esteve ao lado dos reis e dos poderosos e, quando não esteve, vivia da crença e do labor dos miseráveis. Não tenham dúvida de que, quando houver fome no mundo, os últimos a morrer serão os mercadores espirituais. Você conhece um religioso que morreu de fome? O dinheiro, este deus a quem tantos se dobram, é tão poderoso que os futuros líderes de comunidade cursam durante seu curso de Teologia uma disciplina chamada "Administração Paroquial". Por exemplo, o ônus do fracasso *administrativo* de uma paróquia é sempre do padre, mas este o transfere aos paroquianos, assim como o ônus de uma diocese é sempre transferido ao povo. Pergunte a um bispo, por exemplo, o quanto ele paga aos seus funcionários e aos professores que ministram aulas de Filosofia em sua diocese. O leitor verá como a hipocrisia perdura no alto escalão da Santa Madre: é uma marca de alguns herdeiros de Pedro e Paulo.

Outra característica comum dos ratos de sacristia é a tarefa árdua de *escamotear os crimes*, os mesmos pelos quais o papa Francisco pediu perdão em 2014, publicamente e sem papas na língua, pois, quando a verdade não se pode mais esconder, o mínimo que um cristão poderia fazer é pedir perdão. Não é difícil constatar que, no decorrer da história, não foram poucos aqueles que denunciaram corajosamente este tipo de cristianismo corrompido: no contemporâneo, os pais de inúmeros ex-coroinhas abusados nos templos norte-americanos só verbalizaram aquilo que, no século XVIII, Marquês de Sade já sabia, ou seja, as sacristias dos templos estão impregnadas de ratos. Todavia, a grande maioria não conhece suas máscaras: são lobos vestidos de cordeiros.

Há "lobos" que quando estão de férias viajam para lugares longínquos a fim de abrir *o fosso de taras que os habitam* sem trazer nenhum problema para a imagem hipócrita de seu apostolado: trata-se de fazer sujeira no quintal dos outros, onde ninguém os conhece. Busque verificar o que está por detrás de um "rato de sacristia" que é transferido bruscamente de seu local de trabalho, de sua igreja: em muitos casos, há miséria moral na história. Portanto, é praxe do alto clero o ato de jogar o lixo para debaixo do tapete, isentando-se de encarar a sujeira dos esgotos que correm sob os pés de seus "santos" homens.

Mas não posso ser injusto, e nem quero. Generalizações são sempre baratas, devastadoras e descomprometidas com a verdade, pois não zelam pela ponderação, valor importante para quem avalia seu próprio tempo. Por isso é justo lembrar que aqueles que entram nos seminários com firme intenção, perseverando quando se tornam sacerdotes, assim como aqueles que assumem o bispado cientes do valor de sua vocação, muitas vezes têm seu "chamado de Deus" retaliado, vingado, desprezado, violentado e, por fim, aniquilado. Os ambientes religiosos estão criando um *habitat* para covardes, mas milagrosamente ainda aparecem heróis. Vale mencionar e fazer justiça à lembrança daqueles religiosos que lutam para perpetuar valores que enobrecem a vida, que estão dispostos a tirar os seus mantos e cobrir os "desconfigurados" jogados nas sarjetas, que abrem mão de sua vida em nome dos mais necessitados, que não fazem da classe social um critério determinante daqueles que devem ser acolhidos ou não, que disponibilizam seu tempo em função do desvalido e que vivem o âmago heroico da sua vocação inicial, ou seja, aquela disposição de dar a vida em nome de uma causa que consideram sobrenatural. Tais religiosos sabem que com a fé e o dinheiro suado do fiel não se brinca!

Leitor, eu não quero dar moleza aos medíocres, e enfatizo que detectar a decadência já é um bom sinal. O homem, não importa seu status social, deseja ansiosamente ser estimado e bajulado; por este motivo, adula aqueles que estão ao seu redor a fim de ser adulado, ama para ser amado, esconde os verdadeiros defeitos dos outros desde que o seu não seja revelado, bajula para ser bajulado, odeia a verdade e gosta de ser enganado quando o engodo lhe convém. Uma bomba de verdade poderia dissolver parte da ordem social, todavia, verdade em demasia traria problemas, já que o fundamento da vida social é também a mentira.

Termino lembrando saudosamente Blaise Pascal: "Assim a vida humana não passa de uma ilusão perpétua; não se faz mais do que se entre--enganar e se entreadular".[3] A verdade é insuportável.

INDICAÇÃO DE LEITURA: PASCAL, Blaise. *Pensamentos*. Trad. Mário Laranjeira. São Paulo: Martins Fontes, 2001.

---

[3] BLAISE PASCAL, *PENSAMENTOS*. LAF. 978; BRU. 100.

Capítulo 2

DE OLHOS BEM FECHADOS

"É um velho costume da humanidade, esse de passar ao lado dos mortos e não os ver."[1]
– José Saramago

Autor de inúmeras obras, o romancista, dramaturgo e poeta português José Saramago instiga o leitor, no *Ensaio sobre a Cegueira,* a concentrar seu pensamento no tema da "visão". Para realizar com êxito tal tarefa fecha os olhos de quase todos os seus personagens. Como a visão não pode ser juíza de si mesma, então será a cegueira que colocará a visão no banco dos réus para uma análise minuciosa.

O livro começa com uma imagem ordinária das grandes cidades: barulho, trânsito pesado, pessoas disputando a cada passo um lugar nas ruas. Contudo, algo incomum acontece com um dos carros parados no semáforo: "logo se notou que não tinham arrancado todos por igual. O primeiro da fila está parado".[2] Um morador destas megalópoles estranharia tal cena, já que todos estão sempre apressados,

---
[1] José SARAMAGO, *Ensaio sobre a Cegueira*. São Paulo: Companhia da Letras, 1995, p. 284.
[2] IBIDEM, p. 11.

adivinhando o momento do sinal verde para sair em disparada: "deve ser um problema mecânico qualquer, o acelerador solto".[3] Nada disso. O motorista abre a porta e diz: "Estou cego".[4] Desesperado, em prantos, o primeiro cego grita a mortalidade dos olhos: "quem me diria, quando saí de casa esta manhã, que estava para me acontecer uma fatalidade como esta".[5] Caso este homem soubesse a verdade sobre seu destino, não sairia de casa naquele dia. Um certo grau de cegueira quanto ao próprio destino é fundamental para vivermos o cotidiano de nossa vida. Partilhamos de um número considerável de crenças: *acreditamos* que sairemos de casa e chegaremos sem nenhum problema ao local que almejamos, *cremos* que viveremos muitos anos de vida e, como prova disso, lembremo-nos dos inúmeros planos que fazemos, *confiamos* ingenuamente que nossa vida correrá sem nenhum acidente fatal, estamos *convictos* que terminaremos a existência com todos os membros de nosso corpo e nenhuma tragédia irá cruzar o nosso caminho. Quantas crenças! Estamos, enfim, embebidos de uma *fé* tranquilizadora que nos induz a pensar ingenuamente que a tragédia mora ao nosso lado, desde que *nosso lado* signifique muito distante de nós. A possibilidade da desgraça é sempre um fato na vida do outro. Mas Saramago nos mostra que o início de uma tragédia pode dar-se em qualquer lugar e um quadro sombrio pode nascer em uma cena banal do cotidiano de um homem comum. Foi assim que irrompeu o primeiro caso de cegueira na trama do literato português, de modo que muitos outros ainda surgiriam no desenrolar desta história fantástica.

Gradativamente uma espécie de mancha branca ocular espalhava-se de maneira tão acentuada que o caso poderia tornar-se uma "catástrofe nacional".[6] Este é o enredo da obra: de fato, a catástrofe atingiu proporções nacionais! Além de descrever como o Estado, em nome da humanidade, pode tornar-se desumano, o autor constrói

---

[3] José SARAMAGO, *Ensaio sobre a Cegueira*, p. 284.
[4] Ibidem, p. 284.
[5] Ibidem, p. 13.
[6] Ibidem, p. 37.

uma antropologia do mal através dos personagens: "É desta massa que nós fomos feitos, metade de indiferença e metade de ruindade".[7] O homem tem em sua estrutura o mal e, para trazer luz a este fenômeno, cria-se uma personagem que funcionaria como espiã da desgraça, uma testemunha ocular da verdade que será consumida pela visão do caos. Trata-se da esposa de um oftalmologista, homem honesto, sincero e fiel à mulher de sua vida. Ela acompanhará todos os cegos desafortunados que serão encarcerados por medida preventiva em um manicômio. "Nesse caso, resta o manicómio, Sim, senhor ministro, o manicómio, Pois que seja o manicómio, Aliás, a todas as luzes, é o que apresenta melhores condições, porque, a par de estar murado em todo o seu perímetro, ainda tem a vantagem de se compor de duas alas, uma que destinaremos aos cegos propriamente ditos, outra para os suspeitos."[8] Mentindo sua cegueira para a multidão de cegos que habitam o manicômio, ela será a visão do leitor.

No manicômio, povoado por uma multidão de cegos, surgem as primeiras discussões, brigas, roubos, racionamento da comida, lixo, doenças, mortes, facções criminosas, armas, mulheres estupradas etc. Uma lógica do horror se estabelece e nela os "cegos aprendem depressa a orientar-se".[9] Mesmo no manicômio, e não é sem razão que o autor enterra os cegos neste local, a lógica do mal impera ao ponto de fazer a única personagem que enxerga gritar: "O mundo está todo aqui dentro".[10] O manicômio é uma inebriante metáfora dos dramas do mundo. A cegueira é transmitida nas mesmas proporções em que o mal se espalha. Todos pretendem se salvar, mas, tomados pela cegueira, pisam uns sobre os outros. Poderíamos dizer que neste caso há uma desculpa: quem pisa é cego. A verdade, enfim, rompe o silêncio em uma rima quase poética: O *ego* cega o cego! Diante de uma situação precária, os princípios éticos se dissolvem, de modo que todos querem

---

[7] José SARAMAGO, *Ensaio sobre a Cegueira*, p. 40.
[8] Ibidem, p. 46.
[9] Ibidem, p. 86.
[10] Ibidem, p. 102.

se safar, mesmo que para isso seja necessário pisar e esmagar quem está ao lado. A única personagem que expressa compaixão é a esposa do oftalmologista: "recordemo-nos daqueles infelizes condenados que antes ainda viam e agora não veem, dos casais divididos e dos filhos perdidos, dos lamentos dos pisados e atropelados, alguns duas e três vezes, dos que andam à procura de seus queridos bens e não os encontram, seria preciso ser-se de todo insensível para esquecer, como se nada fosse, a aflição da pobre gente".[11] Como viver nesta lógica do horrível? A cegueira, neste caso, não seria uma bênção dos deuses? Quem suportaria sobreviver à verdade de tais circunstâncias? A animalidade havia tomado conta e homens violentos buscavam salvar-se avidamente. Era preciso levantar uma norma: fazer de tudo para que não se viva como animais. Só o esforço já poderia conceder um fio de esperança. Cumprir esta máxima seria a nova "visão" dos cegos, já que a voz é a vista de quem não vê, apesar da equivocidade das palavras trazer, muitas vezes, mais escuridão que a própria visão. Inicialmente, todos concordam em cumprir o imperativo moral com rapidez; todavia, assim como o fogo que dissolve a palha cujo brilho reluzente logo se esvai, também os hipócritas da Terra são incapazes de manter a palavra. O caos reina.

Saramago cria um mundo de cegos para mostrar o que é o mundo verdadeiramente. Assim dirá o oftalmologista cego: "só num mundo de cegos as coisas serão o que verdadeiramente são".[12] A Terra é um palco de seres devorando-se. Ao contemplarmos a existência como ela é, desejamos nossa própria cegueira, e assim, quem ainda não foi consumido pela escuridão desejá-la-á como o amante a amada. A esposa do oftalmologista é a única que consegue entender isso: em um mundo de cegos quem enxerga está condenado a assistir às verdades trágicas da existência, restando apenas a contemplação de uma vida animal e violenta que supera a máxima humanitária inicial, na qual os homens deveriam fazer de tudo para não se comportarem como animais selvagens.

---

[11] José SARAMAGO, *Ensaio sobre a Cegueira*, p. 118.
[12] Ibidem, p. 128.

Nessa obra, caprichosa metáfora da vida, encontramos inúmeras características do mundo contemporâneo: nosso destino é banal, frágil e sem sentido; nossa crença nas benesses do cotidiano é insuficiente; diante das catástrofes, o homem mostra-se egoísta, preocupado com o seu umbigo, o qual ele acredita ser o centro do universo, e disposto a aniquilar o outro desde que isso lhe traga alguma vantagem; a natureza humana tem duas marcas indeléveis: indiferença e ruindade; quem enxerga nesta Terra de cegos sofre, aterroriza-se ou habitua-se àquilo que vê; o mundo é um manicômio com uma lógica perversa; a linguagem é equívoca, causa desentendimentos, e as pessoas estão sempre em guerra. Apesar disso, o homem vê a si mesmo como *necessário*, *racional* e *detentor do sentido do cosmos*, criando um cotidiano que deve imperiosamente atender a estes pilares. Quem diria, sem que uma lágrima de tristeza irrompesse, que estas três características demasiadamente humanas são tão banais quanto o voo de uma mosca que dura menos de 24 horas? Nossas crenças nos benefícios do cotidiano, bom emprego, família, bens, boa comida, férias, garantia de uma aposentadoria decente, compromissos diários que nos retiram da sensação de insignificância diante da vida, fofocas que nos auxiliam no desvio de nosso tédio, conversas banais, leitura, ciência, jogos, são insuficientes porque não nos garantem a subsistência no tempo, a permanência na existência, já que uma catástrofe sempre nos espreita à porta, seja a doença, a morte de nossos entes queridos ou, quem sabe, a possibilidade angustiante de nosso próprio dilaceramento repentino e fatal. Carregamos sobre nossas costas um corpo condenado a fragilidades tão gritantes que, caso concentrássemos nosso olhar na dissolução silenciosa que corrói nosso próprio corpo, gritaríamos continuamente em profundo pânico. O movimento ridículo e repetitivo do cotidiano é uma forma elegante de nos desviarmos da comédia trágica que marca a duração ínfima de nossa existência. Assim, quanto mais a vida está entregue à banalidade, menos se sente o seu peso. O pensamento pode nos ajudar a lidar com os problemas do cotidiano com mais desenvoltura, mas, ao mesmo tempo, para nosso desespero, hiperboliza o sofrimento e engrandece o vazio que reina no precário horizonte humano.

A obra *Ensaio sobre a Cegueira,* de José Saramago, é um convite a fazer-nos perceber nossa própria cegueira. Lutemos para recuperar nossa visão, mas, antes, que respeitosamente reconheçamos o heroísmo da pobre esposa do oftalmologista expresso no seguinte adágio: "Se tu pudesses ver o que eu sou obrigada a ver, quererias estar cego".[13] O herói suporta a verdade na solidão daquilo que vê. Um hipócrita vive sua cegueira como um manjar dos deuses: viverá de olhos bem fechados tentando aniquilar qualquer um que ouse fazê-lo enxergar.

INDICAÇÃO DE LEITURA: SARAMAGO, José. *Ensaio sobre a Cegueira.* São Paulo: Companhia da Letras, 1995.

---

[13] José SARAMAGO, *ENSAIO SOBRE A CEGUEIRA*, P. 135.

Capítulo 3

Amantes no Inferno

> "*Chegando o momento, o amor e a morte atacarão, mas não se tem a mínima ideia de quando isso acontece. Quando acontecer vai pegar você desprevenido.*"[1]
> – Zygmunt Bauman

Respeitado sociólogo da atualidade, Zygmunt Bauman foi professor emérito de Sociologia das universidades de Leeds e Varsóvia, assim como autor de diversas obras publicadas, entre elas *Amor Líquido: Sobre a Fragilidade dos Laços Humanos*, na qual o autor estende o conceito de "líquido" – conceito central de sua obra – para as relações humanas na pós-modernidade. Mas o que significa tal conceito? Trata-se de uma característica essencial das relações humanas, as quais se apresentam de modo frágil, duvidoso, frouxo, livre e inseguro. Bauman amplia a ideia de liquidez para entender o mundo contemporâneo e, muitas vezes, é criticado por isto, já que a ideologia da especialização, que teve a sua aurora em meados do século XIX, não permite senão

---
[1] Zygmunt BAUMAN, *Amor Líquido: Sobre a Fragilidade dos Laços Humanos*. Rio de Janeiro: Jorge Zahar Editor, 2004, p. 17.

investigar objetos minúsculos, tão minúsculos quanto a miserável ousadia de alguns especialistas. Longe desta ideologia vigente, e buscando uma visão mais ampla, o autor alcança resultados consideráveis ao iluminar as relações amorosas a partir de seu conceito central: a fragilidade é vista como a principal característica das relações do século XXI. Logo nas primeiras páginas deixa claro o objetivo do seu trabalho: "A misteriosa fragilidade dos vínculos humanos, o sentimento de insegurança que ela inspira e os desejos conflitantes (estimulados por tal sentimento) de apertar os laços e ao mesmo tempo mantê-los frouxos é o que este livro busca esclarecer, registrar e apreender".[2] A fragilidade dos vínculos humanos é misteriosa, infernal, conflitante e insegura. O homem contemporâneo, com a mesma rapidez que concede sentido às relações amorosas, facilmente as descarta. Uma relação amorosa tem, por um lado, grande potencial para conceder significado ao cotidiano de cada uma das partes envolvidas: o indivíduo acredita ter menos tempo livre aos finais de semana, o que diminui o tédio; a crença na conquista do coração da amada distrai o indivíduo das misérias de si; acredita-se ser menos solitário; por fim, a vida passa a ter sentido: vive-se o sonho do amor eterno. Por outro lado, o homem moderno, ávido por relacionar-se, ao mesmo tempo em que busca uma relação, repudiando a solidão, não abre mão de sua liberdade. O indivíduo vive um dilema: busca uma relação de intimidade, ajustando os laços e aproximando-se da amada, mas não quer pagar o ônus da diminuição da liberdade. Na tentativa de superá-lo, surge um novo modelo de relação amorosa: a relação líquida ou frouxa.

Busca-se o outro impelido pelo horror à solidão, com a condição de que o outro seja mantido a uma distância que lhe permita o exercício da liberdade. A verdade das relações é pautada pelo seguinte imperativo: *devemos diminuir a solidão, desde que tal movimento não afete minha liberdade*. O desejo de perpetuar uma relação que proporcione tanto a fuga da solidão quanto a liberdade é aquilo que o autor chama

---

[2] ZYGMUNT BAUMAN, *AMOR LÍQUIDO: SOBRE A FRAGILIDADE DOS LAÇOS HUMANOS*, P. 8.

de relação amorosa líquida. Porém quem tem a certeza de que esta fórmula de ouro irá se concretizar? *Ninguém*, exclamaria, ironicamente, o Romeu shakespeariano! Amar é sempre uma aposta, um tiro no escuro, um salto no abismo do amor, um investimento destituído da certeza de algum benefício e que, desastrosamente, pode colocar tudo a perder, já que toda relação oscila "entre sonho e o pesadelo e não há como determinar quando um se transforma no outro".[3] O outro e o eu são transeuntes no labirinto da dúvida. A copresença da satisfação e insatisfação na relação traz indubitavelmente a contingência à baila: deveríamos escolher sabendo dos riscos do nosso investimento, já que se trata de uma decisão tão importante, mas como sabê-los se os casais "estão sozinhos em seus solitários esforços para enfrentar a incerteza"?[4] A verdadeira certeza de um relacionamento é a seguinte: não há certezas claras e distintas. A ideia paradisíaca do amor utópico é sempre agônica, já que nunca temos certeza da posse eterna do objeto amado, mesmo porque o próprio homem não é eterno. Parece claro que a relação pode acabar numa manhã de sol, na qual o outro, aquele mesmo que um dia antes disse *eu te amo*, levanta-se da cama e exclama: *acabou!* Como entender tal mistério? Quais ideias se auto-organizaram para tal catástrofe? – catástrofe para aquele que perde o objeto de amor ingenuamente "garantido". Como sobreviver depois deste susto que nos leva repentinamente do céu ao inferno em uma noite? "O amor", dirá Bauman, "pode ser, e frequentemente é, tão atemorizante quanto a morte. [...] Assim, a tentação de apaixonar-se é grande e poderosa, mas também o é a atração de escapar."[5] Será diante deste emaranhado, entre a atração e o medo, que o amante fará as suas escolhas, seus investimentos.

O relacionamento passa a ser um investimento: a satisfação e a dor lhe são proporcionais. "Um relacionamento, como lhe dirá o especialista, é um investimento como todos os outros: você entrou com tempo, dinheiro, esforços que poderia empregar para outros fins,

---

[3] Zygmunt BAUMAN, *Amor Líquido: Sobre a fragilidade dos laços humanos*, p. 8.
[4] Ibidem, p. 10.
[5] Ibidem, p. 23.

mas não empregou, esperando estar fazendo a coisa certa e esperando também que aquilo que perdeu ou deixou de desfrutar acabaria, de alguma forma, sendo-lhe devolvido – com lucro."[6] O investimento pressupõe "lucro" – uma relação firme e feliz capaz de gerar satisfação para sempre –, todavia, ao não tê-lo como resultado, o que resta é uma desolação diante do tempo perdido e do trabalho desperdiçado como esforço inútil. O *Mito de Sísifo,* símbolo do trabalho eterno e inútil, e que dá nome a uma das obras do consagrado pensador argelino Albert Camus, pode ser evocado: assim como a pedra que é levada incessantemente ao alto da montanha por Sísifo desaba até o escuro vale, também o palácio de amor poderá se desmanchar, deixando um gosto de frustração entre os dentes. Porém os hipócritas nunca confessam o desespero, o desgaste, a perda, a dor, o tédio, o vazio, o ódio, as angústias e o terror que habitam o coração heroico dos amantes, tão bem expressos por Heathcliff e Cathy, na obra *O Morro dos Ventos Uivantes.* Bauman não mede esforços para descrever a dor que invade o coração dos amantes em suas relações amorosas: um relacionamento ocasionará muita "dor de cabeça",[7] será "uma incerteza permanente".[8] O ar pessimista da obra mostra que a mesma dificuldade que se tem para amar poderia ser transposta para a morte, já que é tão difícil aprender a amar quanto a morrer.

Na obra também encontramos exemplos de objetos que aumentam a ansiedade dos amantes. Entre eles, destaco o celular, acessório tecnológico que se tornou um componente do corpo humano, uma máquina que está sempre grudada à mão, a qual alimenta a crença de que a proximidade dos amantes resultará em um mundo melhor e confortável. Entretanto, não podemos esquecer que este mesmo instrumento que agrega os casais também os afasta através de um simples toque na tecla "apagar": o outro desaparece em um piscar de olhos. Acredita-se no amor como um oásis permanente, mas, contraditoriamente, amar é

---

[6] Zygmunt BAUMAN, *Amor Líquido: Sobre a fragilidade dos laços humanos*, p. 28.
[7] Ibidem, p. 29.
[8] Ibidem, p. 29.

respirar em um ambiente caracterizado pela imprevisibilidade das relações e dissolução da distinção entre a ordem e a desordem. Traições e relacionamentos de bolso, aqueles amores que são acionados quando as partes bem entenderem, fazem parte da caixa de surpresas das relações amorosas. Mas estas não são determinadas somente pela dependência da tecnologia, havendo outros fatores de sujeição, entre os quais, o desejo de fusão dos amantes: "Todos os amantes desejam suavizar, extirpar e expugnar a exasperadora e irritante alteridade que os separa daqueles a que amam. Separar-se do ser amado é o maior medo do amante, e muitos fariam qualquer coisa para se livrarem de uma vez por todas do espectro da despedida. Que melhor maneira de atingir este objetivo do que transformar o amado numa parte inseparável do amante? Aonde eu for você também vai; o que eu faço você também faz; o que eu aceito você também aceita; o que me ofende também ofende você. Se você não é, nem pode ser meu gêmeo siamês, seja o meu clone!".[9] O relacionamento na pós-modernidade seria mais uma forma de massificação e desaparecimento da subjetividade, do eu, de tudo aquilo que nos identifica como seres singulares? Amar tem uma dose de sofrimento porque obriga os amantes a se desprenderem parcialmente da individualidade em nome da relação dual, assim como um monge que precisa se desapegar até do seu nome, marco do reconhecimento de si, em favor da causa que abraçou. Todavia, quando tal fusão é realizada à força, o amor desaparece: se aonde eu for meu par também deve ir obrigatoriamente, se o que eu faço meu par também deve fazer sem nenhuma negociação possível, se o que eu aceito ele também deve aceitar, se o que me ofende também deve necessariamente ofendê-lo, então passamos a ter uma relação de mandante e pau-mandado, dominante e dominado. A verdade é que, nesses casos, o amor desapareceu há muito tempo. Já não há uma tentativa de fusão do desejo, de ajuste contínuo e heroico, mas aniquilamento do outro em nome de um *ego* dominante que infla, incha, cresce

---

[9] Zygmunt BAUMAN, Amor Líquido: Sobre a fragilidade dos laços humanos, P. 29.

desordenadamente e explode em ímpetos de fúria quando a lógica da submissão não funciona mais. Amar, como bem entenderam os místicos cristãos, é um exercício de aniquilamento no qual os dois criam uma nova vida, um novo horizonte, em que o sombrio e o luminoso apresentar-se-ão inevitavelmente. É por isso que amar exige coragem, como os filósofos antigos bem entenderam.

Platão, no capítulo VII da obra *A República,* narra a coragem daquele filósofo que volta à caverna para resgatar seus amigos presos às sombras. Façamos uma releitura desta narrativa, a fim de que o mito fecunde o *logos* (pensamento, discurso). O filósofo, ciente de que a liberdade é a verdadeira vocação do homem, buscará trazer à luz os casais que estão presos às correntes, contemplando as sombras no fundo da caverna. Tais sombras são os pesadelos que figuram os clichês das relações amorosas. Bauman, em sua obra, faz o papel do filósofo, avaliando estes clichês, auxiliando os amantes a desviarem-se das armadilhas e a darem os primeiros passos em direção à luz, ao amor verdadeiro. Porém os hipócritas, como só amam a si mesmos, ameaçarão o filósofo com todas as suas pedras, com o intuito de permanecerem no "conforto" desesperado das sombras do amor-próprio. Por outro lado, quem assumir corajosamente uma verdadeira relação amorosa saberá das dificuldades que terão de ser superadas para sair da caverna, conhecerá os obstáculos deste caminho a dois e, por este motivo, dormirá aturdido pelo calor vital desta união que, em algumas ocasiões, é infernal. Os verdadeiros amantes estão dispostos a pagar o preço que for necessário pela beleza irresistível e trágica do amor.

INDICAÇÃO DE LEITURA: BAUMAN, Zygmunt. *Amor Líquido: Sobre a Fragilidade dos Laços Humanos.* Rio de Janeiro: Jorge Zahar Editor, 2004.

Capítulo 4

Via-Sacra do Amor

> *"Aí está o erro tão grave e frequente dos jovens: eles – cuja natureza comporta o serem impacientes – atiram-se uns aos outros quando o amor desce sobre eles e derramam-se tais como são com seu desgoverno, sua desordem, sua confusão."*[1]
> – Rainer Maria Rilke

Entre 1903 e 1908, Rainer Maria Rilke, poeta nascido em Praga, na República Tcheca, escreveu uma série de dez cartas dirigidas ao jovem Franz Xaver Kappus. Nelas estão contidas desde apreciações e conselhos acerca do estilo literário de um poeta, até descrições momentâneas de mistérios e contemplação. Em linguagem concisa, suas cartas são plenas de enigmas. Por quê? Porque as razões do amor, da ternura, da coragem, da necessidade de escrever, da beleza, dos mistérios da solidão e do "entesourar" contínuo e eterno dos amantes que se encontram não são tão claras como gostaríamos: "em última análise, é precisamente nas coisas mais profundas e importantes que estamos

---

[1] Rainer Maria Rilke, *Cartas a um Jovem Poeta*. Porto Alegre: Editora Globo, 1980, p. 56-57.

indizivelmente sós",² salienta o poeta na primeira carta endereçada ao senhor Kappus, no dia 5 de abril de 1903.

Tais "coisas profundas" devem ser amadas, saboreadas e experimentadas. Elas estão contidas nos "mundos" que se abrem e se fecham diante dos nossos olhos, mais precisamente, na beleza artística dos livros: "Um mundo se abrirá aos seus olhos: a felicidade, a riqueza, a inconcebível grandeza de um mundo. Viva nesses livros um momento, aprenda neles o que lhe parecer digno de ser aprendido, mas, antes de tudo, ame-os".³ Os livros nos encantam e, por este motivo, podem ser amados e saboreados. Neles a verdade é contada com maior despojamento, descrevendo a trajetória de uma vida de reflexão e pesquisa.

Rilke também amou a verdade, mas a expressou através da poesia. É o poeta do amor, um autor que incendeia a vida de seus leitores e enche seus corações com verdadeira ternura. Quem o lê sente saudades e, por este motivo, sempre volta: é como um perfume, um cheiro bom, que sabemos ser maravilhoso, e este saber, perfumado de saudade, impulsiona, necessariamente, a senti-lo mais uma vez. A cada leitura uma nova claridade, um parto, um espanto. Não se trata de um simples espanto que vem e logo se esvai, mas refiro-me ao espanto dos apaixonados: é incessante. Os embriagados de amor perceberão uma reciprocidade enorme ao ler as *Cartas a um Jovem Poeta*. Faz-nos lembrar daquele amor verdadeiro que toma o coração, arrasta a alma, aproxima os corpos, incitando-os a andar devagarinho, de braços entrelaçados, no silêncio da noite. São estes os amantes que se encontram na mais profunda solidão. "É bom estar só, porque a solidão é difícil."⁴ Ora, o amor verdadeiro não seria o encontro de duas solidões? Mas a solidão, aquela que nos permite um encontro conosco, é possível no mundo contemporâneo?

Existe a possibilidade de sair de casa sem ser perseguido pelo celular, esta "coisa" que continuamente tremula nos bolsos? Um dia

---

² Rainer Maria RILKE, *Cartas a um Jovem Poeta*, p. 27.
³ Ibidem, p. 29.
⁴ Ibidem, p. 55.

sem este aparelho, condenado a transmitir as banalidades do cotidiano é, para muitos, um mar de agonia. É como se estivéssemos fora da órbita da Terra, vagando sozinhos no silêncio eterno dos espaços infinitos que se estendem na vastidão do universo. Em tempos em que fazemos muito barulho por nada, ficar só é um milagre que, como quase todo milagre, é muito improvável. A solidão profunda exige o esforço próprio de um espírito disciplinado e disposto a colher os benefícios dos mais nobres sacrifícios. O mergulho solitário na interioridade nos revelaria uma grandiosa capacidade de reconhecer nossa profunda miséria que assombra nossos corações palpitantes, e que é tão conhecida pelos poetas.

Rilke, este desbravador da solidão, faz este mergulho interior e, ao voltar, traz em seus lábios a poesia, lançando alguns raios de luz sobre o amor. Este sentimento, para ser verdadeiramente vivido, demanda uma preparação contínua e necessária, um amadurecimento para viver aquilo que, por ser raro, também é difícil: "Amar também é bom: porque o amor é difícil. O amor de duas criaturas humanas talvez seja a tarefa mais difícil que nos foi imposta, a maior e última prova, a obra para a qual todas as outras são apenas uma preparação".[5] O amor seria uma forma de amadurecer, tornar-se um mundo para si; entretanto, salienta o poeta: "Os homens, com o auxílio das convenções, resolveram tudo facilmente e pelo lado mais fácil da facilidade".[6] As convenções sociais e os chavões socialmente estabelecidos comprometem a espontaneidade do amor: "Nenhum terreno da experiência humana é tão cheio de convenções como este".[7] No entanto, sabe-se que é sublime e divino o despertar de um novo mundo através do encontro gracioso dos amantes. Porém, a hipocrisia é justamente a negação deste mundo mágico da vida a dois.

Os hipócritas, estes seres obcecados por si mesmos, amantes dos chavões pensados por outros, ávidos pela facilidade cínica, medrosos e

---

[5] Rainer Maria RILKE, *Cartas a um Jovem Poeta*, p. 55.
[6] Ibidem, p. 55.
[7] Ibidem, p. 57.

solitários, veriam em Rilke um obstáculo para a vida. Diriam: *por que devo viver para outro se posso viver só para mim?* Um covarde, sinônimo de hipócrita, sempre busca a via mais fácil, por este motivo ele não consegue amar, pois amar exige trilhar o caminho das pedras, e sem garantia de chegada: muitos ficam pela estrada. Porém, o poeta, assim como o herói, zela por aquilo que é preciso por ser difícil e nobre.

O momento de nossa vida em que lemos as *Cartas a um Jovem Poeta* fica marcado, impresso no coração palpitante do leitor apaixonado. Viva Rainer Maria Rilke, o poeta encantado pelas maravilhas do amor.

Indicação de leitura: Rilke, Rainer Maria. *Cartas a um Jovem Poeta*. Porto Alegre: Editora Globo, 1980.

Capítulo 5

AUTÓPSIA INTELECTUAL DE UM CONDENADO À MORTE

> *"Vamos lá, coragem com a morte, seguremos esta horrível ideia com as duas mãos e encaremo-la de frente! Perguntemo-lhe o que ela é, saibamos o que ela quer de nós, analisemo-la em todos os sentidos, soletremos o enigma, e olhemos antecipadamente para o túmulo."*[1]
> –Victor Hugo

Victor Hugo nasceu em Besançon no ano de 1802. Viveu uma infância turbulenta: além da separação dos pais, um de seus dois irmãos, depois de uma severa desilusão amorosa, enlouquece e comete o suicídio. Morou no internato Cordier, onde se preparou para a prova de admissão da Escola Politécnica; entretanto abandonou os estudos a fim de dedicar-se somente a inclinação às letras. Esta decisão não causou nenhuma surpresa, já que a literatura era algo familiar: seu pai foi autor de escritos e memórias militares e seus dois irmãos escreveram obras históricas e críticas. Como escritor, foi influenciado por Chateaubriant

---

[1] VICTOR HUGO, O ÚLTIMO DIA DE UM CONDENADO À MORTE. TRAD. ANNIE PAULETTE MARIA DE CAMBÈ. RIO DE JANEIRO: CLÁSSICOS ECONÔMICOS NEWTON, 1997, P. 85, CAP. XLI.

e Lamennais, criando notórias obras como *O Rei se Diverte*, *O Corcunda de Notre-Dame*, *O Último Dia de um Condenado à Morte*. Na política, exerceu uma participação ativa, sendo eleito deputado na Assembleia Constituinte, e logo o seu espírito poético e provocador o transformou no representante mais eloquente da esquerda democrática no parlamento parisiense. Mais tarde, na luta contra o golpe de Estado encabeçado por Luís Bonaparte, Hugo torna-se um nome importante nos movimentos que lutam pela liberdade e contra os regimes opressores. Neste período é exilado. Nos dezoito anos de exílio, escreveu seus três grandes romances: *Os Miseráveis*, *Os Trabalhadores do Mar* e *O Homem que Ri*. Ao voltar para a França, vive um período de grande produção, morrendo em Paris no dia 22 de maio de 1885. Seu caixão foi exposto debaixo do Arco do Triunfo, onde foi velado pela população parisiense e, em seguida, inumado no Panthéon.

Das obras acima citadas, dar-se-á atenção especial a uma delas: *O Último Dia de um Condenado à Morte*.

"Condenado à morte": com esta frase o texto é inaugurado. Tal sentença é um trovão, o início de um pesadelo. O motivo da condenação não o sabemos; todavia, no decorrer da obra, tal curiosidade tornar-se-á irrelevante, pois, seja qual for o motivo, um condenado à morte já está morto. A prisão do morto mostra a ambivalência da condenação: o corpo preso às correntes e o espírito preso a uma ideia. "Uma horrível, sangrenta, implacável ideia! Só tenho agora um pensamento, uma convicção, uma certeza: condenado à morte!".[2] A certeza da morte é vivida como angústia, dor, sofrimento, perda, dissolução, aniquilamento, nadificação. O condenado está em uma situação tão difícil, inconstante e inquieta, a ponto de fazer a si mesmo a seguinte indagação: valeria a pena viver? Em seguida, afirma: "Os homens estão todos condenados à morte".[3] Conclui, então, que a verdadeira condição de um condenado não é muito diferente da condição dos vivos: os médicos não nos curarão, de modo que ao final todos morreremos.

---

[2] Victor HUGO, *O último dia de um condenado à morte*, p. 43, cap. I.
[3] Ibidem, p. 47, cap. III.

"E essas pessoas que curam podem curar uma febre, mas não uma sentença de morte."[4] Ora, salienta o condenado, "será que a vida me deixaria alguma saudade?".[5]

As ideias apresentadas mostram a dor da sentença de morte, porém, ao sublinhar as dificuldades da vida, o condenado parece justificar a morte, mostrando-a menos dura do que a própria vida. Esta necessidade de justificativa, que faz da morte um acontecimento redentor e *soft*, servia de consolo durante o cárcere, propedêutico ao aniquilamento final: uma vez que todos morrerão, o condenado então não estaria tão sozinho quando morre, já que cada indivíduo participaria, inevitavelmente, da sempre crescente comunidade dos cadáveres. E isso aliviaria a dor do condenado? Não! A razão, capaz de justificar inúmeras mentiras, não consegue acompanhar o medo. O pensamento tenta tranquilizar o homem, mas as pernas não suportam e tremem, os braços adormecem, os dentes trepidam e o coração pulsa na garganta: o corpo assume a verdadeira condição de um condenado. O corpo responde, com um grito alto, o que a hipocrisia racionalizada tenta esconder: *Pare de mentir, vamos morrer!* Nesta disjunção entre corpo e razão, o que fazer? Diante da morte a hipocrisia desaparece, o corpo confessa o que a razão tenta escamotear.

Talvez a solução esteja em se distrair. Mas é insuficiente: "O que quer que eu faça, ele está sempre lá, este pensamento infernal, qual espectro de chumbo ao meu lado, só e ciumento, afastado de qualquer distração".[6] A ideia da morte não se dilui com distrações vãs, como um jogo de cartas, ela sobrepuja tudo aquilo que pretende ser um obstáculo à sua presença imponente. "É a vida vista de perto."[7] Curiosamente, o condenado em questão enfrenta a morte: refletir sobre sua própria condição é um meio de desviar-se dela. "Aliás, o único meio de sofrer menos com estas angústias é observá-las, e pintá-las será uma

---

[4] VICTOR HUGO, *O ÚLTIMO DIA DE UM CONDENADO À MORTE*, P. 60, CAP. XV.
[5] IBIDEM, P. 47, CAP. III.
[6] IBIDEM, P. 43, CAP. I.
[7] IBIDEM, P. 48, CAP. IV.

distração."[8] O pretenso relato de um condenado, forma criativa de abrandar seu drama, poderia servir de consolo para outros condenados e de lição para aqueles que condenam. Distrair, descrevendo a própria situação trágica, torna-se uma espécie de *autópsia intelectual da dor*, o que não é tão banal como um simples baralho.

Mas se para o condenado os instantes dramáticos que precedem a sua morte são pesados e sem possibilidade de distração, para os que assistem a tal espetáculo serão instantes de entretenimento e prazer. Quanto mais dor infunde-se no condenado, mais prazer aos que condenam. A dor alheia torna-se motivo de festa! O povo alegre vê erguer o cadafalso, os vendedores enchem os seus bolsos com o lucro intenso que provém do grande comércio que se intensifica nestes eventos. Os curiosos da morte alheia esquecem-se da própria vida. "Sentia-me ser levado com estupor, como um homem caído em letargia que não pode nem mexer nem gritar e que está entendendo que o estão enterrando."[9] Portanto, se o condenado sentia-se como alguém que seria enterrado vivo, o povo entusiasmado festejava: "Alugavam mesas, cadeiras, palanques, charretes. Tudo estava vergando sob o peso dos espectadores. Vendedores de sangue humano gritavam a plenos pulmões: 'Quem quer lugar?'".[10] Os expectadores não percebiam que um dia todos teriam que ocupar o "lugar do condenado". Por mais bela que seja a vida, um dia jogar-nos-ão terra sobre a cabeça. Quando nascemos nossa sentença já está dada.

A morte é somente a efetivação da condenação. Mas o conhecimento da sentença da pena capital já não seria uma forma de morte antecipada? Há três passagens que mostram que o condenado à morte já é um morto: o condenado, ao passar em frente à enfermaria, encontra um ancião moribundo que, dirigindo-se ao passante, grita um estrondoso "Até logo!";[11] um dos policiais, na noite que antecede o

---

[8] Victor HUGO, *O último dia de um condenado à morte*, p. 49, cap. IV.
[9] Ibidem, p. 67, cap. XXII.
[10] Ibidem, p. 93, cap. XLVIII.
[11] Ibidem, p. 67, cap. XXII.

ato derradeiro, pergunta ao condenado se ele poderia dizer-lhe quais seriam os números da próxima loteria, pois, na sua condição, já seria capaz de manifestar traços de uma onipotência divina; um arquiteto vai à cela do condenado medir as pedras, paredes etc. para a reforma da prisão e diz: "Meu caro amigo, daqui a seis meses, esta prisão estará muito melhor", e o policial retruca: "Senhor, não se fala tão alto no quarto de um morto".[12] Nestas três passagens percebe-se a cisão entre o mundo dos vivos e o mundo dos mortos, de modo que o condenado vê a si mesmo como um monstro, um ser sem espécie, deformado, distante de toda a humanidade. Assim, o autor ultrapassa, por meio da literatura, a misteriosa fronteira entre a vida e a morte, embaralhando-as e, por conseguinte, nos provocando.

Durante seis semanas o condenado escreveu suas memórias, sentimentos, dores, opiniões, ideias inusitadas, justificativas de seus atos, misérias da vida, sonhos e seu possível desaparecimento no fosso escuro da morte. Mas todas estas seis semanas depois da sentença anunciada podem ser descritas como um único ato: "É como se a faca da guilhotina levasse seis semanas para cair".[13] Estas seis semanas representam um único dia: *O Último Dia de um Condenado à Morte*.

INDICAÇÃO DE LEITURA: HUGO, Victor. *O Último Dia de um Condenado à Morte*. Trad. Annie Paulette Maria de Cambè. Rio de Janeiro: Clássicos Econômicos Newton, 1997.

---

[12] VICTOR HUGO, O ÚLTIMO DIA DE UM CONDENADO À MORTE, P. 78-79, CAP. XXXIII.
[13] IBIDEM, P. 61, CAP. XV.

Capítulo 6

CONDENADOS À SOLIDÃO

"Nunca antes na história da humanidade foram os moribundos afastados de maneira tão asséptica para os bastidores da vida social; nunca antes os cadáveres humanos foram enviados de maneira tão inodora e com tal perfeição técnica do leito de morte à sepultura."[1]
– Norbert Elias

Publicado em 1982, o ensaio *A Solidão dos Moribundos*, de Norbert Elias, retrata como as sociedades mais desenvolvidas, em nome de uma higienização biológica, afastam o indivíduo adoentado da família e encerram o moribundo em hospitais, de modo que a partir deste momento é o Estado, com todo seu aparato burocrático, que tomará os cuidados necessários para com o doente, este que logo tornar-se-á um cadáver. Tal procedimento aponta para uma mudança: a morte deixa de ser pública e torna-se um acontecimento privado, institucionalizado.

Em sua reflexão sobre a morte, o autor ressalta que, diante das diversas maneiras de lidar com o fim da vida, a crença de que "os

---

[1] NORBERT ELIAS, *A SOLIDÃO DOS MORIBUNDOS*. TRAD. PLÍNIO DENTZIEN. RIO DE JANEIRO: JORGE ZAHAR EDITOR, 2001, P. 31.

outros morrem, menos eu" seria uma forma de desviar-se da finitude. Este desvio se mostra ainda mais agudo no século XX com o progresso da ciência médica. Apesar disso, a morte continua presente e o homem não deixa de indagar pelo sentido da finitude: como encarar a certeza da proximidade da morte? Nos instantes finais do moribundo, como se comportam as pessoas que lhe são mais próximas e queridas? O amor e o aconchego das pessoas que lhe são caras amenizariam o peso da certeza do fim da vida?

Tais questões desafiam os vivos quando se deparam com a fragilidade dos moribundos: "A fragilidade dessas pessoas é muitas vezes suficiente para separar os que envelhecem dos vivos. Sua decadência as isola".[2] Esta passagem é sugestiva, pois distingue os "vivos" dos "moribundos", de modo que estes não participariam mais da comunidade dos vivos: a precariedade biológica os condena antecipadamente à morte mesmo estando ainda entre os vivos. A verdade entre vivos e quase-mortos se mostra: o moribundo não pertence nem ao mundo dos vivos, nem ao mundo dos mortos, ele está na mais terrível solidão. Se vivos falam da morte, o fazem como se fosse o problema dos outros, de modo que os moribundos, diante dela, atônitos, se calam. Mas o autor, estreitando as rédeas, traz à tona o problema da morte e, claramente, salienta a quem ele se destina: "A morte é um problema dos vivos. Os mortos não têm problemas. Entre as muitas criaturas que morrem na Terra, a morte se constitui um problema só para os seres humanos. Embora compartilhem o nascimento, a doença, a juventude, a maturidade, a velhice e a morte com os animais, apenas eles, dentre todos os vivos, sabem que morrerão".[3] A razão esclarece muitas coisas ao homem, entre elas, a certeza do aniquilamento, o qual todo homem enfrentará sozinho, mas o moribundo já está sozinho enquanto espreita a morte, e ninguém pode acompanhá-lo nesta passagem que muitas vezes é enfrentada com total lucidez. Já os animais não parecem carregar o fardo da consciência da finitude. Um chimpanzé fêmea, por

---

[2] NORBERT ELIAS, *A SOLIDÃO DOS MORIBUNDOS*, P. 8.
[3] IBIDEM, P. 10.

exemplo, traz em seus braços, por vários dias, seu filhote que nasceu morto, mas, com o passar do tempo, esquece onde deixou o cadáver e segue sua vida. "Nada sabe da morte, de sua cria e da sua própria."[4] Contrariando essa amnésia animal, os homens não se esquecem dos seus entes queridos, eles sabem que é preciso seguir em frente, deixar seus mortos e continuar a viver, mas carrega-os na memória. "Os seres humanos morrem, e assim a morte se torna um problema para eles."[5] Ciente da própria morte, ou da de seus entes queridos, o autor deixa claro que o problema da morte é fundamental para a vida humana, pois, sabendo que morre, o homem precisa agir. Portanto, cabe a questão: como preservar a vida?

Renovando a esperança humana de viver eternamente, a religião serviu de preparação para a crença em vidas após a morte. Não há dúvida de que a fé é capaz de oferecer um mínimo de alívio diante do aniquilamento final, diminuindo assim o grau de agonia que pesa sobre a humanidade. Todavia, em sociedades pós-iluministas, a crença em sistemas de sentido sobrenaturais tornou-se menos apaixonada, "em certa medida, transferiu sua base para sistemas seculares de crenças",[6] entre os quais está a medicina, expressão mais alta da ciência enquanto técnica de preservação da vida. O desenvolvimento da medicina aumentou o tempo de vida, já que no século XII "um homem de quarenta anos era quase visto como um velho",[7] ao passo que na sociedade moderna ele é visto como "quase jovem".[8] A partir do século XX, a ideia da morte distanciou-se da vida cotidiana do indivíduo e foi banida do espaço público pelo desenvolvimento de técnicas que auxiliam a viver mais: os moribundos realizam seu suspiro derradeiro nos hospitais, acompanhados por máquinas de última geração. Se antes a morte caminhava entre os homens, de modo que o moribundo padecia

---

[4] Norbert Elias, *A Solidão dos Moribundos*, p. 11.
[5] Ibidem, p. 11.
[6] Ibidem, p. 13.
[7] Ibidem, p. 14.
[8] Ibidem, p. 14.

na companhia de seus familiares e súditos até o último pulsar de seu coração, agora ele enfrentará sozinho seu fim, pois está afastado daqueles que lhe são caros. "O espetáculo da morte não é mais corriqueiro. Ficou mais fácil esquecer a morte no curso normal da vida."[9] Portanto, a morte é empurrada para os bastidores da vida social e, o que não poderia ser diferente, o moribundo também.

Essa transformação faz da morte um tabu, um evento mórbido que paralisa o pensamento, inviabiliza as palavras e causa dúvidas sobre o papel da educação no enfrentamento da finitude: o que os pais falam para seus filhos quando estes se deparam com a morte? Quase nada. Disfarçam o pesar do acontecimento, já que o medo de transmitirem suas angústias aos seus "herdeiros da finitude" é grande o bastante para protelarem qualquer possibilidade de reflexão sobre o ponto final da existência. É evidente que o repertório linguístico para lidar com a morte é exíguo, mas é ainda mais miserável nesta geração que aprisionou a morte nos hospitais. Os pais, mudos diante de um corpo morto, e os filhos, sempre felizes e protegidos, brincando em seus condomínios, expressam uma característica do homem contemporâneo: a engenhosidade em esconder aquilo que o destrói.

É claro que os locais e instrumentos culturais de preservação da imagem – hospitais, funerárias, velórios, igrejas, manuais de autoajuda – podem tornar a vida mais tolerável e a ideia da morte menos cruel. Todavia, a verdade inegável de nossa condição insuportável ainda resiste: somos um aglomerado de matéria dissolvendo-se e decompondo-se em meio às águas turvas da existência.

INDICAÇÃO DE LEITURA: ELIAS, Norbert. *A Solidão dos Moribundos*. Trad. Plínio Dentzien. Rio de Janeiro: Jorge Zahar Editor, 2001.

---

[9] NORBERT ELIAS, *A SOLIDÃO DOS MORIBUNDOS*, P. 15.

Capítulo 7

TRISTEZA DA ALMA:
LUTO E MELANCOLIA

"A melancolia nos coloca ainda diversas outras questões, cujas respostas nos escapam."[1]
– Sigmund Freud

Se eu tivesse que concentrar em uma frase a obra *Luto e Melancolia*, de Sigmund Freud, seria a seguinte: uma reflexão sobre a tristeza da alma. A relação estabelecida pelo autor entre o luto e a melancolia dá-se pelas semelhanças do quadro geral destes dois estados, assim como pelas "circunstâncias da vida que os desencadeiam".[2] Mas o que é o luto? "O luto é, em geral, a reação à perda de uma pessoa amada, ou à perda de abstrações colocadas em seu lugar, tais como pátria, liberdade, um ideal, etc."[3] Perda é a palavra-chave para compreender a natureza do luto. O enlutado

---
[1] SIGMUND FREUD, LUTO E MELANCOLIA. IN: *OBRAS PSICOLÓGICAS DE SIGMUND FREUD. ESCRITOS SOBRE A PSICOLOGIA DO INCONSCIENTE.* VOL. II. RIO DE JANEIRO: IMAGO, 2006, P. 111.
[2] IBIDEM, P. 103.
[3] IBIDEM, P. 103.

apresenta "desvios de comportamento normal",[4] mas após um determinado tempo o luto será superado.

O luto não é uma patologia, já a melancolia é, e "caracteriza-se psiquicamente por um estado de ânimo profundamente doloroso, por uma suspensão do interesse pelo mundo externo, pela perda da capacidade de amar, pela inibição geral das capacidades de realizar tarefas e pela depreciação do sentimento-de-Si".[5] Este último é típico do melancólico: a crítica voltada para si é tão brutal que se torna delírio. Mas há características da melancolia que são facilmente encontradas no luto: perda do interesse pelo mundo, dificuldade de substituir o objeto perdido por outro, desinteresse em realizar tarefas que não estão diretamente ligadas ao objeto perdido. Ora, o luto profundo e a melancolia têm em comum a dor, entretanto, é importante ressaltar que, se para o enlutado a dor passa, para o melancólico ela se torna crônica.

Freud nos apresenta um exemplo típico de comportamento melancólico vinculado à perda: "uma noiva abandonada".[6] O noivo, seu objeto de amor, não está morto, mas deixa de ser objeto de amor e torna-se um pesadelo, referência de sua situação trágica, marca dolorosa de uma perda. Em contrapartida, há casos de melancolia em que o indivíduo nem sabe que *algo* foi perdido, sendo incapaz até mesmo de nomear *o que* se perdeu. "Esse desconhecimento ocorre até mesmo quando a perda desencadeadora da melancolia é conhecida, pois, se o doente sabe 'quem' ele perdeu, não sabe dizer 'o que' se perdeu com o desaparecimento desse objeto amado."[7] No luto, temos clareza do que fora perdido, todavia, na melancolia, o que se perdeu escapa à consciência. Se para o enlutado o mundo torna-se vazio e insignificante, para o melancólico o próprio *Eu* torna-se insignificante. Quando esta insignificância atinge o doente com um poder de autocrítica, o paciente descreve a si mesmo como "mesquinho, egoísta, pouco sincero,

---

[4] Sigmund FREUD, *Luto e Melancolia*, p. 103.
[5] Ibidem, p. 103-04.
[6] Ibidem, p. 105.
[7] Ibidem, p. 105.

sem autonomia, que sempre se empenhou em esconder as fraquezas de seu ser".[8] Freud estaria dizendo *a verdade nua e crua* daquilo que é o homem? O melancólico, ao falar de si sem nenhum filtro, estaria "bastante próximo do autoconhecimento"?[9] Essas duas questões são difíceis de se responder, mas são capazes de nos levar a uma outra indagação de grande relevância para a psicanálise: por que o melancólico degrada sua imagem sem nenhuma vergonha?

Freud afirma que há uma "satisfação de se autoexpor".[10] Ressalta, em sua análise comparativa entre o luto e a melancolia, que se no luto perdeu-se o objeto amado, na melancolia houve uma perda do Eu. O próprio autor destaca essa contradição. Mas como resolvê-la? Na verdade, não há dificuldade: as mais graves acusações atribuídas a si mesmo pelo melancólico não se dirigem realmente à sua pessoa, mas "se aplicam perfeitamente a uma outra pessoa que o doente ama, amou ou deveria amar".[11] Desta maneira, a crítica é retirada do objeto amado e transferida para o próprio Eu. "A mulher que aos brados lamenta que seu marido esteja preso a uma pessoa tão incapaz como ela na verdade está acusando o marido de incapaz, seja lá o que for que ela entenda por incapaz."[12] Mas qual é a origem destas autorrecriminações? Está no relacionamento amoroso.

Toda relação amorosa é marcada pela ambivalência, ou seja, pelo amor e ódio que o Eu direciona a determinado objeto. No texto, Freud relaciona as neuroses obsessivas e a melancolia, pois será a partir da explicação de uma que conheceremos a outra. Vejamos. Como se organizam psiquicamente as neuroses obsessivas? Nelas o Eu transfere o amor pelo objeto para si, e o ódio, outro polo da ambivalência, direciona para o objeto, "insultando-o, rebaixando-o, fazendo-o sofrer e obtendo deste sofrimento alguma satisfação sádica".[13]

---

[8] SIGMUND FREUD, LUTO E MELANCOLIA, p. 106.
[9] IBIDEM, p. 106.
[10] IBIDEM, p. 106.
[11] IBIDEM, p. 107.
[12] IBIDEM, p. 107.
[13] IBIDEM, p. 110.

Nas neuroses obsessivas, portanto, o ódio apresenta-se como sadismo e o amor de si como narcisismo. Porém, na melancolia vemos uma estruturação diferente dos sentimentos ambivalentes, o amor e o ódio. O melancólico, ao contrário do obsessivo, faz do próprio Eu objeto de ódio. Assim, a melancolia apresenta as mesmas características que as neuroses obsessivas, já que as duas têm tendências odiosas e sádicas, mas com uma diferença: se nas neuroses obsessivas o ódio volta-se para o *objeto*, na melancolia o ódio é transferido para o *Eu*. É por este motivo que as neuroses obsessivas servem de pré-requisitos para o surgimento da melancolia: um neurótico obsessivo pode se tornar um melancólico quando direciona o ódio do objeto para si, fazendo do Eu o alvo de todo seu sadismo. Cabe ainda verificar uma possível consequência da melancolia: o suicídio.

É através do sadismo que o autor tece sua linha de investigação. Freud afirma a existência de "um grande amor pelo Eu"[14] herdado de nossos ancestrais, o qual colabora no processo de conservação da espécie humana. Por exemplo, diante do perigo, o medo desencadearia uma grande quantidade de libido narcísica que impulsionaria o indivíduo a fugir daquela situação de risco e manter-se vivo. Ora, se o homem possui um impulso vital para a conservação, então o suicídio torna-se um enigma: é "incompreensível como esse mesmo Eu, tão vinculado à vida, poderia concordar com sua própria destruição".[15] Mas então como o suicídio é possível? O melancólico concebe a si mesmo como objeto, dirigindo seu ódio para o próprio Eu, o qual passa a ser o alvo de toda sua violência e hostilidade. Por conseguinte, Freud salienta que em duas "situações opostas, a paixão extrema e o suicídio, o Eu, embora por vias totalmente diversas, acaba sendo sobrepujado pelo objeto".[16] Por um lado, a paixão extrema por um objeto é capaz de se configurar como menosprezo de si; por outro, o ódio de si do suicida é

---

[14] Sigmund FREUD, *Luto e Melancolia*, p. 110.
[15] Ibidem, p. 111.
[16] Ibidem, p. 111.

tão aterrorizador que é capaz de vencer o narcisismo biológico e levá-lo à destruição da própria vida.

Em *Luto e Melancolia* Freud mostra que não se pode conceber a vida humana sem levar em consideração o mar revolto das paixões. A melancolia mostra-se como uma grande onda misteriosa que, ao atingir a alma de um pequeno barco chamado *Eu*, é capaz de enterrá-lo eternamente nas profundezas do oceano.

INDICAÇÃO DE LEITURA: FREUD, Sigmund. Luto e Melancolia. In: *Obras Psicológicas de Sigmund Freud. Escritos sobre a Psicologia do Inconsciente.* vol. II. Rio de Janeiro: Imago, 2006, p. 97-122.

Capítulo 8

A INSATISFAÇÃO DO POETA

"Sim, um autor que nunca se contradiz só pode estar mentindo."[1]
– Mario Quintana

Nascido na cidade de Alegrete, Rio Grande do Sul, Mario Quintana (1906-1994) enche os olhos com seus poemas. O leitor, estático, contempla o mundo no detalhe do suspense que a mágica das palavras proporciona: "O suspense requer suspensão do tempo, emoção em câmera lenta".[2] No corre-corre ensandecido do cotidiano, o poeta nos convida a mastigar "devagarinho". Horror ao colocar esta palavra no diminutivo, já que em linguagem formal seria "devagarzinho"? Não, caro leitor, é justamente no fazer aparecer o detalhe que o suspense impressiona: "O suspense é o *striptease* do horror".[3] O suspense impressiona e a primeira impressão pode ser de

---

[1] MARIO QUINTANA, CADERNO H. IN: *POESIA COMPLETA*. RIO DE JANEIRO: EDITORA NOVA AGUILAR, 2006, P. 251.
[2] IBIDEM, P. 235.
[3] IBIDEM, P. 235.

horror, mas não será sempre assim: "O que eu queria dizer é que todas, todas as coisas têm que ser dosadas com suspense, para poderem impressionar e encantar".[4] Eis o Poeta: desacelera o cotidiano, causa suspense, horror, impressiona e, por último, encanta.

Por diversas vezes, em seus poemas, destaca o furor de um relógio: é a máquina que apressa a vida! Mas a vida precisa ser degustada como um eterno instante. A eternidade é um relógio sem ponteiros ou, então, um relógio parado: "O relógio de parede numa velha fotografia – está parado?".[5] O instante da foto se eterniza. Mario Quintana pinta, emoldura e sublinha um detalhe minúsculo presente em um universo cheio de beleza. Assim como o relógio de parede, a árvore murcha e simplória também ganhará uma nota macabra: "As árvores podadas parecem mãos de enterrados vivos".[6] E uma cidade de excelsa grandeza mostra seu vazio: "Cidade grande: dias sem pássaros, noites sem estrelas".[7] Relógio, árvores, cidades: os poetas dão continuidade à criação de Deus:

VERSÍCULO INÉDITO DO GÊNESIS
Eis que, tendo Deus descansado no sétimo dia, os poetas continuaram a obra da criação.[8]

Como colaboradores de Deus, os poetas ligam as palavras e as coisas, o sentido e o mundo. A magia da poesia enche a existência com sua maior certeza: a dúvida. "Velha governanta do filósofo Descartes; avarenta e pechincheira, desconfia de tudo e de todos, menos dela."[9] A dúvida preenche a vida humana de um conjunto de incertezas que toca o poeta diariamente:

---

[4] Mario QUINTANA, *Caderno H*, p. 251.
[5] Ibidem, p. 237.
[6] Ibidem, p. 239.
[7] Ibidem, p. 239.
[8] Ibidem, p. 239.
[9] Ibidem, p. 260.

TRECHO DE DIÁRIO

Sempre fui metafísico. Só penso na morte, em Deus e em como passar uma velhice confortável.[10]

Deus, morte e o modo de vida sempre estão presentes no crivo da poesia detalhista do poeta de Alegrete. Quanto à velhice, este período que parece nos contar como vivemos nossa vida até então, torna-se "parênteses": "Conversa de velho é cheia de parênteses e esses parênteses são cheios de parentes...".[11] Mas e a morte? Esta, em algumas passagens, é colegialmente chamada de "amiga":

Ele chegou ao bar, pálido e trêmulo. Sentou-se.
– Por enquanto, nada – desculpou-se ao garçom. – Estou esperando uma amiga.
Dali a dois minutos, estava morto.
Quanto ao garçom que o atendeu, esse adorava repetir a história, mas sempre acrescentava ingenuamente:
– E, até hoje, a grande amiga não chegou![12]

A morte, neste caso, não se aproxima do homem quando ele enfrenta uma grande saga, mas em um simplório bar, aberto ordinariamente. Mario Quintana descreve franciscanamente a amiga morte, presente em um bar comum e pobre, de modo que o leitor devesse sentir pena, não do morto, mas da morte: "Tenho pena da morte – cadela faminta – a que deixamos carne doente e finalmente ossos, miseráveis que somos... O resto é indevorável".[13] Mas se a morte é uma pobre amiga, o que dizer de nossos amigos, daqueles que escolhemos e cultivamos? "Amigo é a criatura que escuta todas as nossas coisas sem aquela cara que parece estar dizendo: – E eu com isso."[14] Um hipócrita, especialista em *mise en scène*, não tem vocação para amizade, não

---

[10] Mario QUINTANA, *Caderno H*, p. 240.
[11] Ibidem, p. 249.
[12] Ibidem, p. 243-44.
[13] Ibidem, p. 248.
[14] Ibidem, p. 249.

somente por causa de sua indiferença, mas por que é incapaz de falar a verdade. O amigo é aquele que não nos deixa sozinhos em nossos dramas cotidianos. Ele nos acompanha junto à insuportável ideia de solidão quando contemplamos o nosso lugar na imensidão do universo. Mas é possível uma solidão total e absoluta?

Quintana discorda. O homem pode até escolher uma vida solitária, desprezando seus possíveis pares, mas só Deus pode desfrutar da infinita solidão: "Mas só Deus – que é único, que não tem par – poderia dizer o que é a solidão".[15] Deus não tem par, e, por este motivo, não preza nem despreza uma companhia: só o Criador sabe o que é a apoteose da solidão. O homem, ao contrário, é dependente, mesmo que seja de um cão:

> CRIANÇA & CACHORRO
> Triste de quem não teve um cachorro na infância! Para uma criança, criatura tão necessitada de todos, tão frágil e sozinha, um cachorro é um teste de amor desinteressado da parte dela... é ter uma outra criatura que dependa, enfim, de seus cuidados.[16]

Horror, Suspense, Encanto, Deus, Vida, Morte, Dúvida, Amigo, Velhice, Cuidado: a poesia é uma forma de expressar tudo aquilo que o poeta insatisfeito chamou de "mundo".

INDICAÇÃO DE LEITURA: QUINTANA, Mário. Caderno H. In: *Poesia Completa*. Rio de Janeiro: Editora Nova Aguilar, 2006, p. 231-379.

---

[15] MARIO QUINTANA, CADERNO H, P. 250.
[16] IBIDEM, P. 261.

Capítulo 9

TÉDIO: TRISTEZA PROFUNDA

*"Toda a vida é uma luta pela existência, mas, uma vez que isso tenha sido garantido,
a vida não sabe mais o que fazer e sucumbe ao tédio."*[1]
– Lars Svendsen

Lars Svendsen, autor da obra *Filosofia do Tédio,* é professor do Departamento de Filosofia da Universidade de Bergen, na Noruega. Logo nas primeiras páginas da obra, ressalta o que o levara a escrever: "Minha razão para escrever este livro foi ter passado algum tempo profundamente entediado. O que me fez compreender a importância do tópico, no entanto, foi a morte, relacionada ao tédio, de um grande amigo".[2] A obra tem origem visceral, visto que o autor sentiu o tédio na pele. Mas além dos motivos até então elencados, o tédio também é encarado como problema filosófico: quando sentimos tédio sabemos definir o que nos atormenta? "Ele costuma ser um rótulo em branco aplicado a tudo que não é capaz de prender nosso interesse. É, sobretudo, algo com que vivemos, não algo em que pensamos

---

[1] LARS SVENDSEN, FILOSOFIA DO TÉDIO. RIO DE JANEIRO: JORGE ZAHAR EDITOR, 2006, P. 61.
[2] IBIDEM, P. 7.

sistematicamente."³ A falta de interesse e de desejo para com todas as coisas ao nosso redor faz do tédio um sentimento sem referência, um mal-estar cuja natureza e real significado não conhecemos, e, assim, usamos o termo para designar uma tristeza profunda, para expressar certo vazio de sentido. Alguns chegam a dizer que o tédio é um sentimento misterioso ligado à natureza humana, que por estes é entendida como algo necessário, permanente e imutável. É a partir desta suposição de natureza humana que Svendsen levantará o seguinte problema: "ao postular uma natureza, estamos sustentando que ela não pode ser mudada".⁴ Dito de outro modo, como supor algo de imutável no homem se, ao que parece, ele é um abismo de contradições em contínua mudança? Como afirmar a presença de uma natureza imutável em um ser marcado pelo devir? Assim, citando Nietzsche, o autor revela que o erro dos filósofos é absolutizar o homem de determinada época, transformando-o em uma verdade eterna. A palavra "homem" torna-se uma referência inadequada para indicar a natureza mutável deste ser, algo que o filósofo grego Heráclito já sabia: as palavras são estáticas, incapazes de tocar a natureza dinâmica das coisas. Longe de tentar resolver a grande aporia de definir o que é o homem, Svendsen concentra a sua investigação nos afetos humanos ligados ao tédio.

O tédio profundo é visto como uma realidade relacionada à insônia, à perda da identidade e ao vazio infinito. O mal-estar do tédio impede o sono, deixa a vítima em um estado de letargia, lassidão, morosidade e fraqueza. Se nesse estado há sono e se, efetivamente, o sujeito dorme, é triste para o entediado saber que o sono acaba: ao despertar reencontra-se com o tédio, esta tristeza profunda que implacavelmente fere os calcanhares do paciente, impedindo todo e qualquer movimento. Acordado, o indivíduo mergulha em uma certa confusão dos limites de sua própria identidade: um homem neste estado começa a perceber que ele não *está* com tédio, mas ele *é* tédio. Esta verdade implacável e impublicável faz o homem se comportar de maneira totalmente diferente

---
³ Lars SVENDSEN, *Filosofia do Tédio*, p. 8.
⁴ Ibidem, p. 12.

na vida em sociedade: preciso mostrar para o outro que sou um parque de diversão, que a minha vida é animada, feliz, deslumbrante e ocupada. Um hipócrita nunca confessa as suas tardes vazias de domingo. Assim, a busca incessante em preencher o tempo é uma forma de recuperar desesperadamente alguma identidade, algum rumo possível em um dia vazio e sem graça. O entediado buscará atribuir suas tristezas a alguma causa próxima, visível e palpável, no entanto, muitas vezes, a causa do tédio é mais profunda, estando entranhada no mais íntimo do seu íntimo. Por exemplo, uma pessoa explica a sua tristeza como o resultado do desaparecimento de um filho, no entanto, inesperadamente, o ente querido retorna, e a felicidade também, mas, depois de uma pequena trégua, a tristeza reaparece com a mesma intensidade. Será que a tristeza desta pessoa estaria vinculada somente ao desaparecimento de seu filho? Vincular a tristeza a uma causa próxima é uma tentativa frustrada do sofredor de encontrar uma saída, de dar uma explicação convincente, já que ele partilha da crença de que resolvendo aquilo que aparentemente é a causa do problema, necessariamente a cura de todos os seus males estaria garantida, o que me parece um raciocínio ingênuo.

É fato que muitas vezes nos encontramos entediados e nem sabemos o motivo, uma espécie de desnorteamento que o autor sabiamente relaciona com a atitude filosófica: "O que caracteriza uma questão filosófica, portanto, é alguma espécie de desorientação. Não é isso também típico do tédio profundo, em que não somos mais capazes de nos situar no mundo porque nossa própria relação com ele foi praticamente perdida?".[5] A filosofia e o tédio têm algo em comum: a desorientação. O filósofo, quando está teoricamente desorientado, não consegue encontrar os conceitos capazes de direcioná-lo diante do caos do mundo; já o entediado mostra-se sem chão, sem referência, desorientado com seus pensamentos, sentimentos, impressões, não sabendo o que fazer na vida ou com a própria vida. Para justificar esta ideia, Svendsen cita uma enxurrada de autores que produziram um desenvolvimento

---

[5] LARS SVENDSEN, *FILOSOFIA DO TÉDIO*, P. 19-20.

filosófico do tédio: Pascal, Rousseau, Kant, Schopenhauer, Kierkegaard, Nietzsche, Heidegger, Benjamin e Adorno; na literatura destaca-se Goethe, Flaubert, Stendhal, Mann, Beckett, Büchner, Dostoiévski, Tchekhov, Baudelaire, Leopardi, Proust, Byron, Eliot, Ibsen, Valéry, Bernanos, Pessoa etc. A obra em questão oferece um considerável número de referências que permite ao leitor, depois de uma análise atenta, abrir o leque e perceber como o tema tem sua importância na história do pensamento ocidental, especialmente na modernidade: "De minha parte, posso assegurar que Adão não se sentiu entediado. O tédio é um fenômeno mais recente. [...] No Paraíso, o tédio não teria tido lugar, pois o espaço estava preenchido por Deus, cuja presença era tal que tornava supérflua qualquer necessidade de busca de sentido".[6] O tédio e a falta de sentido ganham um grande espaço reflexivo no decorrer da obra, nos fazendo pensar o que de fato transmite significado para a vida humana no contemporâneo, já que este período é marcado por um excesso de informação transbordante, ao ponto de fazer desaparecer qualquer sistema de sentido predominante: são tantos sistemas de sentido que não se enxerga mais nenhum. "Se o tédio aumenta, é presumivelmente porque o significado global desapareceu."[7] Portanto, não é a falta de significado que faz o tédio aumentar a ponto de transbordar, mas o excesso de significado, criando um impasse na escolha de sentido.

A obra *Filosofia do Tédio* poderá ser um ponto de referência para aqueles que sabem que o homem não é somente um ser pensante, mas um ser pensante enlanguescido de medos, amores, desilusões, inveja, dor, disfarce, mentira e tédio. Um hipócrita nunca se mostra entediado, pois vive com a máscara do divertimento, capaz de proporcionar uma eficiente propaganda enganosa de si.

INDICAÇÃO DE LEITURA: SVENDSEN, Lars. *Filosofia do Tédio*. Rio de Janeiro: Jorge Zahar Editor, 2006.

---

[6] LARS SVENDSEN, *FILOSOFIA DO TÉDIO*, P. 21.
[7] IBIDEM, P. 23.

Capítulo 10

Mídia: Onde a Verdade Não Habita

"Rápido, barato, inexato, partidarista, mescla de informações aleatoriamente obtidas e pouco confiáveis, não investigativo, opinativo ou assertivo, detentor da credibilidade e da plausibilidade, o jornalismo se tornou protagonista da destruição da opinião pública."[1]
– Marilena Chaui

Na obra *Simulacro e Poder: Uma Análise da Mídia*, Marilena Chaui propõe uma investigação crítica da mídia sob o crivo da filosofia. No início do texto, é destacada uma entrevista, realizada com exclusividade por uma rede de televisão brasileira, concedida pelo presidente da Líbia momentos depois de ter a sua casa bombardeada pela aviação norte-americana no ano de 1986. "Foi constrangedor para Kadafi e para os telespectadores ouvir as perguntas: 'O que o senhor sentiu quando percebeu o bombardeio? O que o senhor sentiu quando viu sua família ameaçada? O que o senhor achou desse ato

---

[1] Marilena CHAUI, *Simulacro e Poder: uma Análise da Mídia*. São Paulo: Editora Fundação Perseu Abramo, 2006, p. 14.

dos inimigos?""[2] A ênfase aos sentimentos e a simples opinião do líder político é alvo da crítica da autora: "Nenhuma pergunta sobre o significado do atentado na política e na geopolítica do Oriente Próximo; nenhuma indagação que permitisse furar o bloqueio de informações a que as agências noticiosas norte-americanas submetem a Líbia".[3] A entrevista foi pautada por perguntas sentimentais e opiniáticas, de modo que o acontecimento político teve um peso muito maior enquanto tragédia doméstica de uma liderança importante. Essa abordagem jornalística sentimental, usada para desviar o espectador daquilo que realmente importa, pode ser estendida para outras esferas: livros, filmes, documentários.

A ênfase do privado em detrimento do público é clara nas propagandas: "Trata-se do mesmo procedimento usado diretamente na propaganda, que tanto pode recorrer aos estereótipos da dona de casa feliz (tendo orgasmo com a qualidade do detergente ou da margarina), [...] das crianças felizes e traquinas, prometidas ao amor familiar (o amor definido pela capacidade dos familiares de satisfazer imediatamente todos os desejos infantis, de gratificar imediatamente as crianças com o consumo de objetos, de cultivar o narcisismo infantil até suas últimas consequências)".[4] As propagandas costumam utilizar-se de atores que, apresentando o produto como cidadãos comuns, confundem os espectadores que os reconhecem como personagens de novelas, do mundo da imagem, da ficção e da aparência. "Verdade" ou "falsidade" sobre a qualidade do produto são periféricos, pois o que verdadeiramente importa é a credibilidade do ator. O espectador é tido como incapaz de separar mundo real e virtual, e a mídia faz a intermediação entre a imagem e o modo como o espectador deve interpretá-la. Assim, podemos nos perguntar: o que seria a verdade de uma de uma propaganda publicitária, de uma notícia? Os fatos, diria um jornalista desavisado. Mas o que é um fato

---

[2] Marilena CHAUI, *Simulacro e Poder: uma Análise da Mídia*, p. 6.
[3] Ibidem, p. 6.
[4] Ibidem, p. 8.

senão a interpretação, a narrativa ou a ideia de um fato? Será que a verdade é uma preocupação da mídia?

Um exemplo de fato ideologicamente organizado aconteceu em uma missa católica no ano de 1990, ocasião da comemoração do aniversário da cidade de São Paulo. A Catedral da Sé estava lotada, e entre os fiéis e o altar estavam inúmeros repórteres das diferentes redes televisivas que, além de atrapalhar a visão dos presentes, os quais tentavam viver o momento sagrado do mistério da consagração eucarística, narravam tal acontecimento "como se os que assistiam à transmissão não soubessem o que é a missa e precisassem de explicações".[5] Para os fiéis que presenciaram a missa, o papel dos repórteres foi um ato de profanação, em contrapartida, para aqueles que acompanhavam pela televisão, a missa talvez tenha sido apresentada com dignidade. "Todavia, a missa que ouviram ou viram não foi a missa que aconteceu, mas o fantasma dela, seu simulacro, pois aquela que de fato aconteceu foi profanada."[6] A mídia é a máquina da imagem. A autora, com a maestria que lhe cabe, destrincha este maquinário midiático. A imagem suprime o indivíduo do ato pensante que lhe possibilitaria interpretar e julgar, e assim a imagem torna-se propaganda indispensável, não só para os produtos de consumo e notícias, mas também para a realização de uma política de massa em que os eleitores se tornam alvos fáceis nas mãos dos profissionais da propaganda eleitoral.

O *marketing* político funcionaria como a pedra filosofal da política. Eis um exemplo. No ano de 1989, a campanha política de Fernando Collor de Mello era um verdadeiro apelo para o desenvolvimento, a inovação e para o futuro. As apresentações do candidato eram verdadeiros filmes hollywoodianos: chegava em seus comícios de forma triunfal, tendo o seu helicóptero iluminado por holofotes das mais variadas cores, "indicando que o candidato vinha do alto, dos céus à terra – um enviado do Senhor".[7] O ex-

---
[5] MARILENA CHAUI, *SIMULACRO E PODER: UMA ANÁLISE DA MÍDIA*, P. 15.
[6] IBIDEM, P. 15.
[7] IBIDEM, P. 43.

-presidente Lula não fica longe disto: "Nos mesmos moldes, esta forma de propaganda marcou presença na campanha presidencial de Lula, em 2002, particularmente com a imagem produzida para as últimas transmissões: mulheres grávidas, vestidas de branco 'telegênico', dançando, correndo, andando, saltando em uma planície verdejante ao som do *Bolero* de Ravel, para significar que estávamos às vésperas do parto de um novo país".[8] Em suma, Collor foi deposto por corrupção pelos jovens chamados de "caras pintadas", estes que serviram de carro-chefe para inúmeras campanhas políticas posteriores. Lula, na campanha de 2002, já deixava claro o que seria o ponto-chave de seu mandato: a propaganda. Diante destes dois casos, indagamos: a democracia, entendida pela modernidade como democracia representativa, é a manifestação mais aguda da propaganda marqueteira?

Para ganhar uma eleição não basta ser um bom político, mas é preciso forjar uma imagem, maquiar uma visão heroica de si, repetir uma mentira descaradamente até que ela se torne verdade, prometer vagamente – quase sempre sem nenhum projeto –, desviar o olhar do público caso tenha um passado corrupto, para enfim repetir o mantra eleitoral de todo candidato: "proporcionarei boa saúde, segurança e educação". Depois de eleito, sofrerá de uma crise de amnésia que recai justamente no período eleitoral. O Brasil, salvo algumas raríssimas exceções, possui uma geração de políticos lamentáveis.

O que temos dos políticos brasileiros é um simulacro mediado por propagandistas profissionais que ajustam a imagem dos candidatos ao perfil desejado pelos eleitores. Quando a grande mídia é o único canal de comunicação entre a política e o povo, entre a notícia e o leitor, então nos encontramos em um mar de desconfiança, pois, assim concebida, parece que a mídia é o abismo onde a verdade não habita.

O livro *Simulacro e Poder: uma Análise da Mídia*, de Marilena Chaui, é indispensável para aqueles que desejam entender as

---

[8] MARILENA CHAUI, *SIMULACRO E PODER: UMA ANÁLISE DA MÍDIA*, P. 43.

possíveis distorções da verdade a partir da mídia. Se a verdade não for um compromisso da mídia, como o era dos antigos filósofos gregos, a hipocrisia dos fatos ideologicamente construídos terá uma difusão global, acampando na sala da sua casa e formando uma sociedade de cínicos.

INDICAÇÃO DE LEITURA: CHAUI, Marilena. *Simulacro e Poder: uma Análise da Mídia*. São Paulo: Editora Fundação Perseu Abramo, 2006.

Capítulo II

ATEÍSMO PANFLETÁRIO

> *"Basta observar a história para constatar a miséria e os rios de sangue derramados em nome do Deus único [...]."*[1]
> – Michel Onfray

O *Tratado de Ateologia,* de Michel Onfray, é uma obra que difunde com clareza o que é o ateísmo contemporâneo. Publicado em 2007 pela editora Martins Fontes, a obra oferece argumentos relevantes que desafiam a fé do homem religioso. Não se trata de uma tentativa de provar objetivamente a não existência de Deus, mas destacar que as três grandes religiões monoteístas menosprezam *esta* vida, desprezam o corpo e alimentam o sofrimento como barganha para um mundo no além. "Em nenhum lugar desprezei aquele que acreditava nos espíritos, na alma imortal, no sopro dos deuses, na presença dos anjos, nos efeitos da prece, na eficácia do ritual [...]. Mas em toda parte constatei quanto os homens fabulam para evitar olhar o real de frente. A criação de além-mundos não seria muito grave se seu preço não fosse tão

---
[1] MICHEL ONFRAY, TRATADO DE ATEOLOGIA. SÃO PAULO: MARTINS FONTES, 2007, P. 53.

alto: o esquecimento do real, portanto a condenável negligência do único mundo que existe."[2] Onfray, fundador da Université Populaire de Caen, onde ministra suas aulas de Filosofia, sublinha, no início de sua obra, uma citação do *Ecce Homo,* de Nietzsche, na qual o filósofo alemão declara que a noção de Deus é uma invenção e, além disso, criada como antítese da vida. É a vida, com todo seu esplendor e ímpeto trágico, que Onfray quer apresentar ao seu leitor.

A religião – termo que no livro engloba as três grandes religiões monoteístas – esconde a verdade sobre o mundo, ou seja, uma realidade cruel que obriga o homem a suportar tanto a existência, com todos os seus dilemas e dúvidas, quanto a morte, enquanto figura trágica a qual todos os homens já estão condenados. Para o autor, o homem não enfrenta os problemas, mas se esconde atrás de máscaras da imortalidade produzidas pela religião: "o crente, ingênuo e tolo, *sabe* que é imortal, que sobreviverá à hecatombe planetária...".[3] Este saber foi, é e sempre será alimentado por aproveitadores. Estes promovem um "comércio de além-mundos" que concede segurança ao crente, organizando uma espécie de tráfico metafísico para aqueles que precisam "reforçar sua necessidade de socorro mental".[4] O tráfico tem como motor a demanda do rebanho. Mas que demanda é esta? Vivemos em um tempo de "niilismo, o culto do nada, a paixão pelo nada, o gosto mórbido pelo noturno dos fins de civilizações, o fascínio pelos abismos e pelos buracos sem fundo em que se perdem a alma, o corpo, a identidade, o ser e todo o interesse por o que quer que seja. Quadro sinistro, apocalipse deprimente...",[5] mas a crença em Deus ainda é, para a maioria, um sinal de grande esperança. O homem espera um *algo* metafísico de que nem se pode constatar a existência, no entanto, enquanto houver esperança em Deus, encontraremos todos os sintomas de uma humanidade lançada em um vale de lágrimas. Mas como sair

---

[2] Michel Onfray, *Tratado de Ateologia*, p. XVIII.
[3] Ibidem, p. XX.
[4] Ibidem, p. XX.
[5] Ibidem, p. 3.

deste estado? "Uma ficção não morre, uma ilusão infantil não expira nunca, não se refuta um conto infantil."[6] Onfray, além de apresentar a dificuldade de refutar a religião, também aponta o medo de alguns filósofos que estiveram próximos de sistematizar uma crítica mais retumbante, mas que, aturdidos pelo abismo metafísico, deram um passo para trás: "Deus mata tudo o que lhe resiste".[7] Assim, o homem está longe daquilo que o escritor chama de progresso ontológico. Deus ainda é objeto de muita tagarelice de seus ministros, de modo que é a partir destes discursos em nome de Deus que é construído aquilo que chamamos de *ateu*: é aquele que não acredita naquilo que *eu* acredito. Os efeitos são uma classificação crítica que promove uma filosofia oficial e uma filosofia não oficial: "Quem, para falar apenas do 'Grand Siècle', leu Gassendi, por exemplo? Ou La Mothe LeVayer? Ou Cyrano de Bergerac – o filósofo, não a ficção...? Tão poucos... E no entanto Pascal, Descartes e Malebranche e outros detentores da filosofia oficial são impensáveis sem o conhecimento dessas figuras que trabalharam pela autonomia da filosofia com relação à teologia – no caso à religião judeo-cristã...".[8] O autor destaca a possibilidade de rever a história da filosofia a partir de autores considerados marginais por grande parte dos historiadores da filosofia e, por este motivo, escreveu uma obra denominada *Contra-História da Filosofia*, traduzida para a língua portuguesa e publicada desde 2008.

Podemos dizer que o *Tratado de Ateologia*, de Michel Onfray, é uma obra forte, pelos argumentos esboçados, desejosa, por fazer brotar a verdade da existência com suas penúrias e sofrimentos impossíveis de suprimir, sincera, por trazer à luz as ideias de sua reflexão pessoal sem o medo dos padrões institucionais determinantes, dramática, pela visão trágica do mundo, do homem e de Deus e, enfim, devota, pelo número de leitores que buscam nesta obra uma ofegante fundamentação teórica do próprio ateísmo.

---

[6] Michel ONFRAY, *Tratado de Ateologia*, p. 4.
[7] Ibidem, p. 5.
[8] Ibidem, p. 9.

Post scriptum: Um hipócrita me disse certa vez, em voz baixa, que está na moda dizer-se ateu, estes que atualmente concebem a si mesmos como homens inteligentes, racionais, esclarecidos e bem-resolvidos.

Indicação de leitura: Onfray, Michel. *Tratado de Ateologia*. São Paulo: Martins Fontes, 2007.

Capítulo 12

HOMENS E DEUSES

"[...] *Informem-se pelo menos sobre o que é a religião que combatem antes de combatê-la.*"[1]
– Blaise Pascal

O filme *Homens e Deuses* é uma pérola que brilha aos olhos daqueles que querem pensar o sentido da religião na modernidade. Em um monastério nas montanhas de Magrebe, na Argélia, nos anos 1990, habitam oito monges cristãos franceses, que vivem em harmonia com a comunidade muçulmana da região: participam das festas, trabalham conjuntamente nas plantações, celebram a vida e auxiliam os moradores do vilarejo em seus problemas cotidianos. Mas um acontecimento transformaria este espaço pacífico em um lugar de terror: uma equipe de trabalhadores estrangeiros é morta por um grupo islâmico extremista que faz suas vítimas em todo país. O governo intervém e oferece proteção aos monges, mas o prior da Ordem Religiosa nega tal auxílio, pois implicaria ter soldados armados dentro do monastério,

---
[1] BLAISE PASCAL, *PENSAMENTOS*, LAF. 427; BRU. 194.

lugar que é considerado a casa de Deus. Nesse ambiente apreensivo, o medo aumenta a cada dia, e a vida de estudo, leitura e oração do monastério é abalada pela constante ameaça de morte. O governo, preocupado com um possível escândalo internacional caso os terroristas atentassem contra a vida dos monges, confessa que a situação estava fora de controle, e pede para os religiosos voltarem imediatamente para Paris. Cientes da gravidade da situação, os monges, depois de um tempo de meditação, reúnem-se para que cada um tome sua decisão. Aqueles que desejassem voltar seriam encaminhados com segurança à França. Mas, curiosamente, mesmo diante da possibilidade de terem suas vidas ceifadas, todos decidem ficar. Será a partir desta corajosa decisão que poderemos conhecer os dissabores daqueles que levam a fé até as últimas consequências.

O enredo do filme se constrói a partir das contínuas interrogações e do medo que assombram os monges: é um horto das oliveiras que duraria não apenas uma noite, mas alguns anos. O que motiva estes homens a permanecerem naquele país violento, mesmo sabendo que a qualquer instante suas gargantas seriam cortadas? Certa vez, escutei de um teólogo brasileiro que um profeta não poderia ter muito amor pelo próprio pescoço, como Sócrates, Jesus Cristo, Santo Estêvão e Giordano Bruno. Quem fala a verdade não dura muito tempo, ao passo que a hipocrisia é uma posição que conserva a vida: só os hipócritas ficam vivos em segurança. Tais monges, incapazes de viver hipocritamente sua religião, decidem enfrentar o problema e viver na pele os dissabores daqueles que assumem os desafios da fé. A cada instante o drama trágico se torna mais agudo.

Angustiados, os religiosos eram surpreendidos pelas lágrimas, que tocam seus rostos como estilete que fere a pele: são lágrimas de sangue, do nobre suplício em nome de Cristo. Fiéis à Regra de São Bento, a oração torna-se mais intensa e a leitura das escrituras encarna-se como a voz de Deus em seus corações. Além da oração, a filosofia também aparece neste cenário devastador: Luc, o monge que exerce a medicina no vilarejo, reflete sobre os males do mundo a partir do filósofo francês Blaise Pascal. É desta forma que tais homens vivem uma espécie de martírio vivo.

O filme abriu um debate, em 2010, sobre o ecumenismo na França, ocasião em que o governo francês aprovara uma lei que multaria as mulheres que usassem burca nos espaços públicos. O debate religioso, instigado pelo filme *Homens e Deuses*, trouxe à população francesa as seguintes indagações: por que estes homens, como cordeiros, deixam derramar seu sangue? Qual a finalidade do sacrifício? Onde está o imperativo categórico pós-moderno: o amor-próprio? Mergulhados em uma era marcada pelo vazio de sentido, o europeu laico e seus herdeiros, os latino-americanos tarados pelo iluminismo francês, deparam-se com um abismo de questões. Se a faca estivesse efetivamente em sua garganta e a fuga lhe salvasse a vida, você encararia o martírio em nome da verdade em que acredita? A resposta afirmativa impele a outra indagação: a verdade religiosa estaria acima da vida?

Sabe-se que para o santo a verdade está acima de qualquer coisa, inclusive de sua própria vida, a qual entrega a Deus como oferenda. Mas esse heroísmo da santidade é realmente possível? É muito comum o homem contemporâneo negar a possibilidade da santidade. A fim de contrapô-la, argumenta que somos humanos, contingentes, passíveis a erro, sexualmente incontroláveis, mentirosos, infelizes, plenos de desejos, ambiciosos, cruéis etc. Não se pode negar essas características tão marcantes do bípede falante. Mas a lógica da santidade está no esforço, quase aniquilador, rumo à perfeição moral. Um santo nunca se diz santo, muito pelo contrário, ele sutiliza o mal que nele habita. Um exemplo disso é Aurélio Agostinho, o bispo de Hipona, que em sua obra *Confissões* declara abertamente sua maldade na ocasião em que roubou algumas peras, quando ainda era um jovem a brincar nas ruas da Numídia. Curiosamente ele detecta algo que poucos poderiam perceber e confessar: o roubo daquelas frutas não vinha da necessidade de se alimentar, mas do desejo irresistível de sentir entre os dentes o sabor do mal. O roubo de frutas por uma criança ingênua é considerado um delito sem valor para o homem comum, porém, para o filósofo de Hipona, a mesma estrutura miserável da criança, marcada pelo desejo incessante de sentir o sabor do mal entre os dentes, irá compor a estrutura do homem adulto. O coração do homem é oco e cheio de imperfeições.

Mas o santo, contrapondo-se ao mal que nele habita, confessa suas misérias morais e trava uma luta contra o mal. Já o hipócrita naturaliza o mal e se entrega às suas perversidades convencido pelo seguinte adágio: *O homem é mal, logo, tudo está justificado.* A hipocrisia tem um ranço de preguiça moral. O santo nunca desiste da santidade, e foi essa perseverança corajosa que impeliu os monges de Magrebe a superar tamanho horto das oliveiras.

INDICAÇÃO DE FILME: *Homens e Deuses*. Direção de Xavier Beauvois. Produção de Étienne Comar e Pascal Caucheteux. Roteiro de Étienne Comar. Interpretação de Jacques Herlin, Lambert Wilson, Michael Lonsdale, Olivier Rabourdin, Philippe Laudenbach. França: Imovision, 2010, 122 min.

*C*apítulo 13

Da Inútil Exigência de Utilidade

> "Sócrates: E agora verifica se admitiremos ou não o seguinte, a saber, que não é viver, mas que viver bem que devemos considerar o mais importante.
> Críton: Nós o admitiremos.
> Sócrates: E admitiremos ou não que viver bem, nobremente e justamente são a mesma coisa?
> Críton: Admitiremos."[1]
> – Platão

Em uma praia do Rio de Janeiro, quem sabe em um domingo cinzento de São Paulo ou em uma manhã chuvosa de Paris, ou talvez na noite fria da belíssima cidade de Caen, na Normandia, enfim, em qualquer lugar deste planeta que está se tornando cada vez mais uniforme, serial, rotineiro, organizado, regulado, burocrático e hipócrita, quem nunca topou com estas questões: *mas qual, afinal, é a utilidade da filosofia? Para que serve?* Perceba: o "para que" é sempre muito enfatizado no contemporâneo e, se a resposta não demonstra nenhuma

---

[1] PLATÃO, *Críton*. Trad. Edson Bini. Bauru: EDIPRO, 2008, 48b.

utilidade para aquele que pergunta, então, este profano na arte de filosofar a despreza imediatamente. Ele pensa: se a resposta é filosófica, então é banal, não produz nada de valor, sendo assim, a filosofia não interessa a ninguém, já que é uma expressão do inútil. O senso comum vinculou o termo "utilidade" à produção, todavia a filosofia não é produção, mas conhecimento enquanto prazer de saber, ato de pensar trespassado pelo crivo da dúvida, explicação das relações de causa e efeito que desvelam o cosmos, busca dos princípios que viabilizam o pensamento, modo de vida e educação para a condição humana. A pergunta cotidiana sobre as vantagens que algo pode proporcionar ao indivíduo é o reflexo da demanda de utilidade de uma ciência moderna que se tornou o fetiche do homem contemporâneo.

O "para que serve" está entranhado, infelizmente, nos inúmeros centros acadêmicos na atualidade. O utilitarismo científico tende à ideologia da especialização, a qual particulariza e afasta as áreas do saber, caminhando em sentido contrário ao da filosofia, que tende a um saber universal. O filósofo, antes de explicar como a gota de água cai de uma nuvem, pergunta: o que é a água? É claro que o leitor poderia pensar: "mas você escreve de um computador, vai ao médico, toma remédios, usa transportes de extrema rapidez e usufrui de todo conforto que a ciência lhe proporciona". Não há dúvida de que todos estes avanços são de extrema importância para se viver; no entanto, a filosofia não se preocupa somente com o *viver*, mas com o *viver bem*, como lembrava Sócrates, o ícone grego do ato de filosofar. Esta demanda por utilidade impede que o saber avance, caso não atenda a esta prerrogativa tão presente, por exemplo, nas redes de financiamento acadêmico, que viabilizam um número maior de pesquisas em determinadas áreas – ciências biológicas, por exemplo – em detrimento de outras, de modo que o conhecimento como realização, como prazer de saber, é praticamente ignorado. Os próprios pesquisadores só acreditam na viabilidade da sua pesquisa quando estão com seus pés na universidade, no "laboratório". A investigação estaria trancafiada nos feudos acadêmicos da modernidade? O espírito universitário utilitarista estaria na moda? A fúria da utilidade está em tudo, e não tardará em bater à porta do filósofo. Colocam-nos a questão da utilidade da filosofia nas salas de aula e nos encontros enófilo-gastro-culturais, e se na resposta não conseguirmos a ela outorgar alguma função útil e benéfica, então a filosofia se torna uma arte indigna de ser considerada seriamente: é vista como um *hobby* para bem nascidos.

A filosofia não deveria ser um adereço no mercado educacional, um enfeite das grades curriculares, uma escrava do sistema de métricas que agrilhoam inúmeros pesquisadores nas escolas e universidades. Os alunos, vítimas da exigência de utilidade, poderiam ter a filosofia como o grande oásis que lhes permite a investigação sem as amarras das demandas de mercado, algo que os cursos da ordem do dia desqualificam. A exigência de utilidade é nociva quando molda a pesquisa, retira a liberdade do pesquisador e determina o pensamento. A filosofia é uma forma de pensar que liberta da caverna o ingênuo, aquele que acredita que uma ideia só é viável quando atende às demandas de aplicabilidade.

Lembremos então, quando nos depararmos com a questão sobre a utilidade da filosofia, deste salutar conselho de Epicteto: "E se, entre os profanos, a conversa cai sobre alguma tese filosófica, guarde o máximo de silêncio".[2] Não elabore grandes discursos para aqueles que são avessos à filosofia, pois esta arte precisa ser bem digerida, ruminada como o pão nosso de cada dia.

INDICAÇÃO DE LEITURA: PLATÃO. *Críton*. Trad. Edson Bini. Bauru: EDIPRO, 2008 (Clássicos EDIPRO).

---

[2] ÉPICTÉTO, *Manuel*. TRAD. EMMANUEL CATTIN. PARIS: FLAMMARION, 1997, XLVI, 2.

Capítulo 14

A Crença em um Feliz Ano Novo

"Hoje está mal, e doravante, o amanhã será pior, até sobrevir o mal definitivo."[1]
– Arthur Schopenhauer

Cada fim de ano figura o fim do mundo. Vejo no sorriso alegre de cada indivíduo o disfarce de uma caveira em decomposição. Os mortais sorriem em meio a frases prontas como *Feliz Ano Novo e que tudo se realize no ano que vai nascer*. Um fim de ano pode ser o recomeço forjado de uma vida que, até então, não está dando certo. Mas felizes ou não com a aurora de cada ano, me proponho a pensar como um filósofo desejaria um feliz ano novo.

Não posso negar que o desejo de ser feliz continua presente no horizonte humano como a nervura que o mantém em pé, como uma esperança que o motiva a levantar da cama todos os dias. O homem

---
[1] Arthur SCHOPENHAUER, Contribuições à Doutrina do Sofrimento do Mundo, § 155, p. 284, Trad. Wolfgang Leo Maar, Maria Lúcia Mello e Oliveira Cacciola. São Paulo: Nova Cultural, 1999. (Coleção Os Pensadores)

busca a felicidade tão avidamente quanto um animal busca sua presa, é um predador da felicidade, mas com uma ressalva: ele busca a plenitude da felicidade, aquela que não lhe poderia ser tirada de maneira alguma, já que a ínfima possibilidade de perdê-la poderia gerar um quadro mínimo de insatisfação. Permanecemos na maior parte do tempo no desejo da felicidade, padecendo pela falta daquilo que desejamos, e assim mantemo-nos em um movimento contínuo de busca daquilo que não possuímos. Para ilustrar melhor esta ideia, lembro Blaise Pascal, que chamou este movimento contínuo em busca da felicidade de *divertissement*: uma espécie de atividade marcada pelo desejo daquilo que não possuímos – a felicidade plena –, através da qual produzimos um desvio estratégico da precariedade de nossa própria condição, uma distração daquilo que nos horroriza, um esquecimento de si, do próprio vazio ancorado no coração humano. A felicidade é sempre o alvo desta dinâmica ininterrupta, que quase nunca é atingido: permanecemos em ação, raramente estamos plenamente felizes, pois há sempre um rastro de falta e ausência que marca o nosso movimento desejante. Permanecer no movimento, no entanto, não é de todo ruim: é um recurso para não nos depararmos com o tédio mórbido e estático, figura da morte em vida. Em contrapartida, há aqueles que se julgam filósofos, orgulhando-se por apontar o *divertissement* da maioria como algo precário e sem sentido, já que a felicidade plena não está no movimento, no desejo, mas na ausência desses, na posse daquilo que não se pode perder. Porém, o ato de detectar a precariedade do *divertissement* já não seria um *divertissement* de intelectual? O filósofo não se desviaria de sua própria condição miserável apontando o dedo para a condição miserável do outro? Enquanto avalia o outro, convenientemente não se esqueceria de si? Conhece a condição do outro, mas o sapientíssimo doutor ignora a sua própria condição. Seu diagnóstico não leva em consideração que o término do *divertissement* poderia levar ao tédio? Talvez o modo mais prudente de se desviar do tédio ainda seja o *divertissement* do cotidiano: aquelas atitudes banais que preenchem nosso dia a dia. Mas se não utilizássemos esse desvio estratégico para fugir do tédio, haveria outro modo para viver bem? Para responder a essa pergunta trago ao palco dois filhos do espírito trágico: Epicteto e Schopenhauer.

O primeiro nos presenteou com uma pérola que, por acaso, caiu sobre minha escrivaninha: "Não busque fazer com que os acontecimentos ocorram como você quer, mas queira os acontecimentos como eles acontecem e o curso de sua vida será feliz".[2] A vontade de fazer gravitarem os acontecimentos como convém à nossa vontade é o erro do homem: este deve assentir àquilo que acontece e como acontece. O filósofo grego é um trágico ao mostrar que o homem que não atingiu a sabedoria não aceita tudo que lhe acontece. A *tonicité* – firmeza –, buscada com tanto afinco pelos estoicos, ainda tem algo a nos ensinar: nela apoiando-se poderemos entoar com maior pertinência um feliz ano novo estoico. Bradaríamos: *"Aconteça o que acontecer, tudo está bem"*. Mas diante de quais acontecimentos trágicos nossa firmeza deveria resistir? Schopenhauer atravessa os séculos e sussurra um grito em meus ouvidos: "Parecemos carneiros a brincar na relva, enquanto o açougueiro já está a escolher um ou outro com os olhos, pois em nossos bons tempos não sabemos que infelicidade justamente agora o destino nos prepara – doença, perseguição, empobrecimento, mutilação, cegueira, loucura, morte, etc".[3] Viver bem é aceitar a existência como ela se apresenta, enfrentando corajosamente os acontecimentos, mesmo aqueles mais cruéis, como bem ilustrou Schopenhauer.

Agora estamos preparados para desejar um feliz ano novo filosófico, mas lembrando que, para Pascal, ainda é o *divertissement* que precariamente nos distrai, que para Epicteto, nem tudo que desejamos de fato acontecerá e, por fim, que para Schopenhauer alguns acontecimentos poderão ser demasiadamente desagradáveis. Portanto, em um só coro, em uma só voz, Pascal, Epicteto e Schopenhauer exclamam,

---

[2] ÉPICTÉTO, M\ANUEL, VIII.
[3] A\RTHUR SCHOPENHAUER, C\ONTRIBUIÇÕES À D\OUTRINA DO S\OFRIMENTO DO M\UNDO, § 150, p. 278.

com todas suas observações, seu feliz ano novo filosófico: *Feliz ano novo e que nem tudo se realize no ano que vai nascer*. Ao escrever esta frase sou bruscamente interrompido por Mario Quintana, que não me deixa esquecer, através de um de seus poemas que estão gravados em meu coração: "A vida é triste, o mundo é louco".[4] A busca da felicidade é um movimento condenado ao fracasso.

Post scriptum: Às vezes sou indagado: *Você busca a felicidade?* Respondo que todos a buscam, até os que vão se enforcar. Eu, porém, tento não me preocupar muito com isso, pois tenho mais o que fazer.

INDICAÇÃO DE LEITURA: SCHOPENHAUER, Arthur. *Contribuições à doutrina do sofrimento do mundo*, Trad. Wolfgang Leo Maar, Maria Lúcia Mello e Oliveira Cacciola. São Paulo: Nova Cultural, 1999, p. 277-289. (Coleção Os Pensadores).

---

[4] MARIO QUINTANA, A COR DO INVISÍVEL. IN: *POESIA COMPLETA*. RIO DE JANEIRO: EDITORA NOVA AGUILAR, 2006, P. 882.

Capítulo 15

MANUAL PARA UM HIPÓCRITA

"O instante do despertar é o mais fatal para os desafortunados."[1]
– Marquês de Sade

A hipocrisia é um dos sintomas do homem contemporâneo, este artífice do disfarce, da propaganda de si, da aparência de virtude, da invenção de si nas mídias sociais e, por incrível que pareça, da sinceridade cínica, já que todos se dizem éticos: funcionários, chefes, políticos, padres, professores, esportistas, vizinhos, jornalistas, ciclistas, vegetarianos, esquerdistas, reacionários, não fumantes limpinhos e presidiários. Ética tornou-se uma palavra ordinariamente usada por mentirosos. Creio que o uso gasto deste termo fará os filhos dos nossos filhos relacionarem o termo à corrupção e à hipocrisia.

Outro aspecto do contemporâneo é a crítica comum à religião, seja ela qual for, por parte daqueles que se acham muito inteligentes, que acreditam, como se fosse um enunciado claro e distinto, que a

---
[1] MARQUÊS DE SADE, *Os Infortúnios da Virtude*. São Paulo: Iluminuras, 2008, p. 50.

religião é coisa de gente pobre, culpada e triste. Só para ilustrar com um exemplo, vejamos o que alguns pensam de uma doutrina que se encontra em qualquer esquina do Brasil: o cristianismo. Muitos dos que acusam os cristãos por se sentirem excessivamente culpados acreditam ser as pessoas mais nobres do planeta: *Blaise Pascal é um cristão masoquista ressentido, e eu, que sou imune ao ressentimento religioso, sou tão inteligente quanto Friedrich Nietzsche.* Equação patética? Sim, mas comum. Muitos dos que criticam o cristianismo pensam que estão no mesmo patamar de autores como Sade, Marx, Nietzsche e Freud. Não se trata de defender o cristianismo, judaísmo, islamismo, budismo ou qualquer outro sistema de crença que, para mim, enquanto sistemas religiosos, são equivalentes. O problema é ridicularizar a fé dos religiosos para enfim se entregar a outras crenças do espírito secular moderno: os homens são inteligentes, felizes quando não lhes faltam as condições materiais mínimas, pacíficos se foram privados de alguns traumas na infância e capazes de realizar tudo aquilo que desejam. Essa devoção secular seria compreensível se estivesse somente no intelecto de um jovem colegial otimista, mas é um despautério para pensadores como Pascal, Sade, Marx, Nietzsche e para o eloquente mestre da desconfiança do século XX, Sigmund Freud. Para o grande psicanalista de Viena, essa projeção do paraíso na Terra feita pelo adulto é uma espécie de regressão à completude do ventre materno, um sintoma neurótico daqueles que desejam infantilizar a realidade que por vezes se apresenta de forma hostil e cruel.

O homem contemporâneo gaba-se por não se submeter a nenhuma crença, orgulha-se por ter uma vida orientada pela suficiência da razão e acredita que a felicidade virá como um bálsamo caso suas escolhas forem bem calculadas, o que empiricamente se mostra falso. Não sou um adorador de fatos empíricos, já que não acredito em tudo que toca meus olhos, como bem ensinou Platão e Descartes, mas às vezes aquilatar alguns fatos esclarece a discussão. Diante disso, assinalo um conjunto de possibilidades que ajudaria os hipócritas a entender o mundo em que estão pisando:

1. Boa parte dos homens trabalharão durante toda a vida como bois em um curral e, ao final, já sem o trabalho, sentindo-se inúteis, morrerão de tédio.

2. Nunca sairemos de nosso buraco, para quem pensa que será a pessoa mais feliz do universo se viajar para muito longe o tempo todo. O paraíso está a uma distância infinitamente infinita de cada um de nós.

3. Nossa vida sexual não será uma fonte cintilante de sucesso o tempo todo. Muita propaganda das benesses sexuais é brochante, já que a máquina biológica é precária.

4. Caso encontremos a pessoa que amamos, iniciaremos, com esta relação, uma fonte inesgotável de problemas. O homem é o único ser que conhece as armadilhas do amor, e, ainda assim, está condenado a nelas adentar. Mas alguém, aturdido com esta ideia, vocifera: *Ficarei só!* Conhecerá então a solidão, os domingos choramingantes, as semanas sem conversar, a doença desacompanhada, as pizzas não repartidas, o arroz que nunca acaba. É uma sinuca de bico: estar sozinho pode acarretar sofrimento, e estar acompanhado também. Façam as suas escolhas, já que as frustrações só acabam quinze minutos depois que morremos.

5. Viveremos sob o olhar do vizinho e da família: o *"homem perfeito"* seria aquele que consegue viver sem se preocupar com o que o outro está pensando dele. Quando alguém encontrar algum por aí, poderá dizer que já presenciou um grande milagre.

6. Não sabemos o que o destino nos prepara: talvez percamos uma perna, fiquemos cegos, tenhamos um derrame, infarto, depressão crônica, câncer, ou soframos um acidente de carro, avião, moto, elevador, bicicleta, ou tenhamos nossa vida terminada pela ação de uma minúscula pedra na uretra. O problema é que também podemos viver relativamente bem. A certeza é uma estrangeira sem rosto na terra da contingência.

7. Sempre faremos o mal, isso para quem ainda se preocupa em não fazê-lo. Mesmo que seu psicólogo, a fim de aliviá-lo, sempre diga: "Durma

bem, o mal é relativo, é uma convenção social!". E você, assustado, rebate: "Mas eu matei minha mãe, a triturei, a enterrei na sala da minha casa e cuspi em seu túmulo!". Com a calma que convém aos profissionais da alma, você poderá escutar: "E como foi a experiência?". Eis o espírito do tempo: nada está errado, o mal não existe.

8. Partiremos para a guerra, para a luta diária no crudelíssimo cotidiano, mas já perdemos. Quem acha que irá ganhá-la, obtendo todas as vantagens que acredita que lhe são justas, não passa de um bobo de trinta anos que choraminga nos braços da mulher amada. *Lembrete*: as mulheres estão cansadas de homens chorões.

9. Não seremos plenamente felizes. Há quem insista nesta história de felicidade. Quem não sabe que todos os homens buscam a felicidade, até aqueles que vão se enforcar? A busca da felicidade plena é uma preliminar para o advento das frustrações.

10. Vamos morrer, isso não é nenhuma novidade, e para a morte não há feriado. Ela trabalha o ano todo, o dia inteiro: ela deveria ser um exemplo para os preguiçosos. A *Morte*, esta belíssima senhora, é um exemplo lapidar de trabalho duro e eficaz, que não dorme no ponto e não esquece ninguém.

Munidos do desejo de viver uma vida mais autêntica, lutemos então contra a hipocrisia. Hoje, aquele que aspira a verdade experimenta a mais avassaladora solidão deste mundo, como a personagem Justine, de Marquês de Sade. Já os hipócritas, desfilando sempre em bando, compõem aquilo que pode ser chamado de espetáculo da maioria. Usam uma variedade cintilante de máscaras para fazer ouvir seu proeminente imperativo nos quatro cantos do mundo: *Hipócritas do mundo inteiro, uni-vos!* Caberá ao sábio o exercício da prudência e a força da coragem para desarticular a hipocrisia que pauta as relações humanas.

INDICAÇÃO DE LEITURA: SADE, Marquês de. *Os Infortúnios da Virtude*. São Paulo: Iluminuras, 2008.

Capítulo 16

Pastoral Acadêmica

"Uma aula, longe de ser uma pregação acadêmica, é o espaço para fazer manifesta as mais variadas perspectivas políticas, e, por que não, a visão política do docente, desde que este espaço tenha como pano de fundo a possibilidade de contradição, paradoxo, oposição, antinomia, discordância e profundo respeito ao discurso alheio."
– Andrei Venturini Martins

Sou professor de uma instituição pública federal, e, nos últimos anos, tenho escutado um grito de socorro de muitos de meus alunos: alguns professores usam da sala de aula para promoverem suas ideologias políticas. Essa prática não é recente: há tempos é exercida por alguns docentes. Com o tempo, os ecos dos gritos destes alunos deram origem a um projeto de lei denominado Escola sem Partido,[1] e, a partir disso, surgiram inúmeros debates em todo Brasil. Dois deles aconteceram no Instituto Federal do Sul de Minas, em 2016, dos quais fui convidado a participar como debatedor. Analisei os objetivos do

---
[1] Projeto de lei nº 867 de 2015, denominado "Escola sem Partido", proposto pelo deputado Izalci (PMDB), do Distrito Federal. Disponível em: http://www.camara.gov.br/proposicoesWeb/prop_mostrarintegra;jsessionid=3AFDD65B1A475D0B85FE2A43BE3D1331.proposicoesWeb1?codteor=1317168&filename=Avulso+-PL+867/2015.

projeto de lei e suas consequências para a atividade docente a partir do texto *O que é Entendimento?*, de Immanuel Kant. Em seguida, defendi que o aluno deveria ser mergulhado em uma *anarquia formativa*, a qual permitiria ao educando relacionar-se com as mais variadas perspectivas políticas, morais e religiosas. Para que isso de fato acontecesse, fazer-se-ia necessário que a sala de aula fosse um ambiente de contradição, paradoxo, oposição, antinomia, discordância e de profundo respeito ao discurso alheio, pois, só assim, professor e aluno poderiam trilhar a senda que liga o homem à maioridade da razão, ou seja, o esclarecimento autônomo, cuja reflexão não precisará ser tutoreada por um terceiro. Ciente de que este intrincado tema toca profundamente algo que deveria ser uma preocupação de todos os brasileiros pagadores de impostos, os quais possuem filhos matriculados em escolas e universidades em todo país, resolvi tecer algumas breves considerações sobre meu posicionamento.

Sumariamente, destaco[2] que o projeto é voltado para o ensino fundamental e o médio, e seus objetivos estão em suas primeiras páginas: atender à neutralidade política, ideológica e religiosa do Estado; proporcionar o pluralismo de ideias no ambiente acadêmico; instigar a liberdade de aprender; conferir liberdade de crença; postular uma formação capaz de atender às convicções morais dos estudantes; e, por fim, reconhecendo a vulnerabilidade do educando como parte mais fraca na relação de aprendizado, afirma-se a necessidade de vedar qualquer prática de doutrinação política e ideológica em sala de aula. Acredita--se, para que tais objetivos sejam cumpridos, que o professor tenha um papel de grande relevância, e, por este motivo, salientam-se algumas determinações restritivas à atividade docente, pois, como designa o projeto, o professor não deve aproveitar da audiência cativa dos alunos para seduzi-los em prol de qualquer corrente política ou partidária, e assim deve evitar qualquer tipo de propaganda ideológica. Portanto, como é atestado no final do projeto, é de extrema necessidade que o

---

[2] Escrevi este ensaio em primeira pessoa, pois, evidentemente, seria uma contradição exigir a autonomia do discente sem me dar ao trabalho de ousar a pensar.

professor trate das questões políticas, sociais e econômicas de forma "justa", ou seja, concedendo aos discentes a oportunidade de conhecer as mais variadas perspectivas.³ Em síntese, essas são as principais diretrizes do projeto que proponho analisar nas linhas seguintes.

Alguns dos objetivos deste projeto de lei obrigam os professores a cumprirem certos deveres que, no meu modo de entender, ferem um princípio republicano e filosófico do qual o docente não poderia abrir mão: a liberdade. Por exemplo, a obrigação de exercer o magistério com neutralidade política⁴ é um ideal quase impossível de se realizar. Por outro lado, quando ela se torna lei, cerceia o direito do professor de exercer sua função de ensinar, se não as mais variadas perspectivas políticas, ao menos as justificativas de suas tendências ideológicas. Melhor seria se o pluralismo de ideias, tão bem subscrito na Constituição Federal de 1988, artigo 206, inciso III, fosse de fato exercido por cada um dos professores, mas caso isso não aconteça, que ao menos nenhuma lei impeça que as diversas tendências ideológicas sejam contempladas em sala de aula pelo conjunto docente, outorgando assim o direito a cada profissional de exercer, dentro dos limites da Constituição, sua liberdade de ensino, pois, quando esta é combalida, cerceia-se também a liberdade de aprender dos alunos. Dito isso, não me parece conveniente as diretrizes de um projeto que promove o impedimento de o docente manifestar seu posicionamento, seja político, social, cultural ou econômico, ainda mais quando tal impugnação atenta contra um valor pétreo da democracia: a liberdade de cátedra.

Após essas breves considerações iniciais, analisarei tal projeto perpassando por três etapas: i) a constitucionalidade da liberdade de ensinar; ii) a *anarquia metodológica* como perspectiva pedagógica; iii) a dificuldade quanto ao ensino da moral e da religião.

---

[3] Ver Projeto de lei nº 867 de 2015, op. cit.
[4] Filósofo da Educação italiano, Franco Cambi em seu *História da Educação* destaca que a pedagogia foi invadida pela ideologia política. Caberia então à própria ciência pedagógica fazer um trabalho crítico para que esta ciência não se torne submissa a movimentos ideológicos partidários que impedem o indivíduo de pensar. Ver Franco Cambi, *História da Pedagogia*. São Paulo: Unesp, 1999, p. 382-86.

1. É justificável que o professor aproveite da audiência cativa dos seus alunos para trazer luz às reflexões necessárias sobre o cenário político, algo que colabora tanto para a formação discente quanto para expor o modo pelo qual o docente compreende a sociedade. Penso que o ideal seria que o professor realizasse sua exposição sem recorrer ao sofismo antifilosófico da doutrinação, porém estou longe de contar com estas utopias pedagógicas infantis. Há professores, como pastores no horário nobre da televisão brasileira, que pregam em sala de aula, e isso os alunos e muitos dos meus colegas professores sabem. Mas isso não implica dizer que, necessariamente, os alunos recebam todos estes raciocínios de forma passiva, pois, como a experiência docente nos ensina, um discurso, seja ele qual for, pode causar empatia ou aversão, dividindo opiniões. A sala de aula não é o lugar da unanimidade, e assim me parece válido o bom adágio do velho e sapiente pensador pernambucano Nelson Rodrigues, o qual todo brasileiro sabe de cor: "Toda unanimidade é burra. Quem pensa com a unanimidade não sabe pensar". Uma aula, portanto, longe de ser uma pregação acadêmica, deve ser o espaço para fazer manifesta as mais variadas perspectivas políticas, e, por que não, a visão política do docente, desde que este espaço tenha como pano de fundo a possibilidade de contradição, paradoxo, oposição, antinomia, discordância e profundo respeito ao discurso alheio.

Esta liberdade de ensinar não pode ser desligada da liberdade de dizer aquilo que o professor pensa: como o docente poderá formar um pensador se ele mesmo se abstém deste movimento autônomo da razão? Portanto, assim compreendida, a liberdade de pensar e dizer o que se pensa não deve ser entendida exclusivamente como um postulado político, cultural e econômico, mas filosófico, como bem concebeu Immanuel Kant em seu precioso ensaio *O Que É Entendimento?*, escrito em 1783. O esclarecimento é o *point de repère* – a pedra angular –, o fundamento central, para que o homem deixe *a menoridade, ou seja, a incapacidade de fazer uso do seu entendimento* sem a direção de um outro. Quem age assim, outorgando a um outro seu principal instrumento de ação, a razão ou o *logos* [λόγος], este modo de dizer autônomo de que os gregos de tempos longínquos souberam se apropriar, é culpado por sua precária ignorância.[5] *Sapere aude*, exclama o filósofo alemão: *ouse saber!* A preguiça e a covardia são as causas primeiras desta menoridade, tão comum, tão ordinária, e que toma conta de uma parcela não menos efêmera da humanidade. "'Tem coragem', destaca o pensador alemão, 'de fazer uso de teu próprio entendimento', tal é o lema do esclarecimento".[6] Essa demanda por autonomia, coragem, ousadia em saber, compreensão da arte de formular as questões e bem respondê-las, não pode ser obliterada daquele espaço privilegiado, a sala de aula, coração da escola, onde as grandes batalhas do saber acontecem. Refletindo sobre o coração, Dostoiévski, o príncipe da literatura russa, atenta para sua importância: "Aí lutam o diabo e Deus, e o campo de batalha é o coração dos homens. Aliás, é a dor que ensina a gemer".[7] A sala de aula, coração da escola, é este espaço de embate reflexivo, onde Deus e o Diabo se encontram para fazer brilhar as mais salutares contradições que a reflexão livre poderia proporcionar. Ora, não seria justo provocar em nossos alunos aquela luta tão benéfica dos argumentos contraditórios, capazes de engendrar um dolorido desconforto, mas cujo padecimento auxiliaria o ouvinte a falar e a começar a "gemer" os primeiros raios que o intelecto é capaz de reluzir?

É tão fácil ter um tutor, alguém que nos diga o que devemos fazer e como deveríamos pensar, outorgando-nos um quadro com todas as informações necessárias para nos desfazermos de nosso abismo

---

[5] Refletindo sobre a ignorância do século XIX, o pernambucano Joaquim Nabuco, uma das figuras mais relevantes do movimento abolicionista brasileiro, ressalta que a posse de riqueza não poderia substituir o desejo de saber: "A riqueza não substitui a inteligência e não corrige a ignorância" (Joaquim NABUCO, *Campanha Abolicionista no Recife* – Eleições de 1884. Brasília: Edições do Senado Federal, 2005, p. 114).

[6] Immanuel KANT, *Qu'est-ce que les Lumières?* Trad. Jacqueline Laffitte. Paris: Éditions Nathan, 1981, p. 90.

[7] Fiódor DOSTOIÉVSKI, *Os Irmãos Karamazov*. Trad. Paulo Bezerra. vol. I. São Paulo: Ed. 34, 2008, p. 162.

de dúvidas.[8] Longe de conceder as respostas, o professor-filósofo é um mestre da ciência das perguntas, como bem sublinhou Pascal em uma passagem memorável dos seus *Pensamentos*: "Não sei quem me colocou no mundo, nem o que é o mundo, nem o que sou eu mesmo; estou numa ignorância terrível de todas as coisas; não sei o que é meu corpo, nem meus sentidos, nem minha alma e mesmo essa parte de mim que pensa o que digo, que faz reflexão sobre tudo e sobre si mesma, e não se conhece mais do que o resto. [...]. Tudo que conheço é que devo em breve morrer; mas o que ignoro mais é essa morte mesma que não posso evitar".[9] O professor, antes de conceder certezas, tem a vocação de ensinar a duvidar. Aprender a pensar implica deparar-se com a incerteza, e diante de tantas dúvidas parece um contrassenso acreditar ingenuamente, e sem nenhuma ponderação, no mar de verdades proclamadas, seja em sala de aula, seja em nosso cotidiano: acredita-se nas dietas médicas que se avolumam a cada semana, nos profetas, cujos gritos indicam o caminho da salvação, nos cientistas, ávidos, contundentes e categóricos ao afirmar a certeza da infinitude do *cosmos*, nas modas pedagógicas, as quais centuplicam-se a cada novo semestre. Para agravar esse quadro de decadência desta idade das trevas a qual chamo de contemporâneo, o projeto de lei Escola sem Partido ainda determina que o professor deverá ser *neutro* e *plural*. Primeiro, é impossível ser totalmente neutro, já que toda formação do docente, inclusive sua visão de mundo, exerce alguma influência em seu discurso. Segundo, como um professor exercerá a pluralidade reflexiva se, por princípio, o projeto inviabiliza, seja ela qual for, a exposição da posição do próprio docente? Ora, se a opinião do docente não pode ser parte integrante desta pluralidade, então tal princípio já foi pelo ralo.

---

[8] A DÚVIDA PODE SER UM INSTRUMENTO EPISTEMOLÓGICO, NÃO OBSTANTE, É POSSÍVEL INTERPRETÁ-LA COMO UM SINTOMA DO MAL-ESTAR QUE NOS HABITA, COMO FEZ JOAQUIM NABUCO: "A DÚVIDA NÃO É SINAL DE QUE O ESPÍRITO ADQUIRIU MAIOR PERSPICÁCIA, É ÀS VEZES UM SIMPLES MAL-ESTAR DA VIDA" (JOAQUIM NABUCO, *MINHA FORMAÇÃO*, P. 178). PARA O PENSADOR BRASILEIRO, A DÚVIDA TAMBÉM É MARCA DOS DRAMAS EXISTENCIAIS DA CONDIÇÃO HUMANA.
[9] BLAISE PASCAL, *PENSAMENTOS*, LAF. 427; BRU. 194.

Penso que buscar eximir-se de qualquer espírito doutrinador e ministrar uma aula sem aprisionar os alunos a qualquer propaganda política ideológica são posturas interessantes por um motivo muito claro: os jovens, muitas vezes menores de idade, não precisam de doutrinadores, de alguém que lhes incuta dada opinião como única possibilidade. Ao contrário de uma instrução para submissão, os alunos precisam que o docente desperte o desejo de fazê-los pensar de modo autônomo. Trata-se de educar para instigar a aspiração de saírem do ninho e voarem com suas próprias asas, e assim darem seus primeiros passos com a força do intelecto. Mas se o professor, sob a ameaça de tornar-se réu, é impedido legalmente de ensinar as razões que o faz pensar de um modo em detrimento do outro, que comecem então as preciosíssimas e transparentíssimas licitações para comprar as máquinas de ensinar, pois, para se cumprir a demanda da neutralidade e pluralidade que o projeto exige, precisaremos adquirir este maquinário aparentemente imparcial para instrução dos filhos da pátria. Por conseguinte, os educandos terão a mesma capacidade de entendimento de um autômato, serão tão humanos quanto uma pedra. Por fim, quando terminado o ano escolar, o professor, já fora de cena, afastado da sala de aula, deste palco que pulsa a vida, dirá ao aluno com triste pesar: *Vai órfão, siga em frente*. Impedir o mestre de falar o que pensa significaria a morte da docência no Brasil.

Apesar de mal elaborado, a motivação do projeto não é de todo ruim, já que coloca à luz um problema real: a pregação ideológica inescrupulosa daqueles que acreditam que a política salvará o mundo. Portanto, se a pregação é um problema porque ceifa o direito do educando de perceber as contradições e antinomias do tema em questão, se a neutralidade é uma demanda impossível de ser exercida, e se o princípio da pluralidade não pode ser praticado porque o próprio docente está impedido de expor o que ele pensa, então como proceder em sala de aula? Creio que a *anarquia formativa* seria um método que possibilitaria o gradativo enriquecimento do espaço escolar.

2. Sabe-se que o alvo dos proponentes do projeto de lei *Escola sem Partido* é tentar dissolver uma postura social instituída pelo pensador italiano Antonio Gramsci no livro *Os Intelectuais e a Organização da Cultura*, cujo objetivo é prover as instituições de ensino com os chamados "intelectuais orgânicos", aqueles ligados à classe operária, os quais, aparentemente, discursam em nome dos pobres, das vítimas, das minorias, dos explorados, dos violentados etc. Dito de outro modo, o intelectual orgânico é o pensador que trabalha em prol de uma utopia que favorece determinada classe, buscando conferir os fundamentos de uma nova sociedade através da educação e da cultura. "Os intelectuais são os 'comissários' do grupo dominante para o exercício das funções subalternas, da hegemonia social e do governo político."[10] Se os intelectuais são os responsáveis pela difusão das ideias que vão dominar as massas, então caberia aos profissionais da educação realizar este trabalho em suas salas de aula. Esta postura gramsciniana gera mestres mais preocupados em doutrinar do que em ensinar a pensar. Por este motivo, reconheço que tal projeto tem a sua razão de ser; todavia, quando é promovido pelo Estado mediante leis que dilaceram a liberdade de ensinar do professor e de aprender do aluno, deve ser encarado como uma afronta ao magistério, pois, a democracia, ao contrário dos silêncios dos cemitérios, é barulhenta. A postura de doutrinação de alguns professores não pode gerar mecanismos de reação, como o projeto de lei Escola sem Partido, que cerceiam a liberdade de cátedra. Penso que tanto o proselitismo político quanto este projeto de lei que o combate

---

[10] Antonio GRAMSCI, *Os Intelectuais e a Organização da Cultura*. 6. ed. Trad. Carlos Nelson Coutinho. Rio de Janeiro: Ed. Civilização Brasileira, 1988, p. 11. Gramsci, por exemplo, em seus *Cadernos do Cárcere*, falava da necessidade de "uma ação pedagógica do partido que fosse orgânica e minuciosa, atingindo a escola, mas também a imprensa, a edição de livros, as academias" (Franco CAMBI, *História da Pedagogia*, p. 385). Isso significa que o chamado intelectual orgânico deveria usar da instituição escolar como forma de difundir seu modelo político de transformação social. A Pedagogia e a Educação tornar-se-iam sinônimos de instrumentos políticos. "No fascismo, no nazismo e no stalinismo, a política reduziu-se a *longa manus* da política sobre a sua sociedade". (Antonio GRAMSCI, *Os Intelectuais e a Organização da Cultura*, p. 385). A Pedagogia, como espaço de reflexão da atividade educacional, tornar-se-ia um instrumento à serviço da política e da economia promovida pelo partido dominante.

afrontam a reflexão: o primeiro, porque determina como se deve pensar, e o segundo, porque oblitera a liberdade de pensar.

Ora, já que há uma enxurrada de professores de esquerda no cenário escolar e universitário, cabe à parte que se sente prejudicada encontrar uma solução, desde que não seja ceifando um direito conquistado pelos docentes de estarem em sala de aula e ensinarem não só as mais variadas perspectivas políticas, mas também darem as razões para pensarem de determinada maneira em detrimento de outras. O lado que se vê acometido de qualquer desvantagem deverá buscar desfazer tal descompensamento cultural criando mais cultura, ou seja, construindo centros de estudos liberais, neoliberais, conservadores, ou seja lá o que for. Que trabalhem no intuito de traduzir as obras dos teóricos que atendam às suas convicções políticas, sociais e econômicas, e assim divulguem suas ideias a partir da publicação de livros, artigos, ensaios, congressos e encontros, reproduzindo nos jornais e mídias seus raciocínios, e, por fim, preenchendo as cadeiras das escolas e universidades. A parte afetada pela doutrinação, divulgando, pelos meios descritos, sua maneira de ver, interpretar e agir no *ethos* [ἦθος] – espaço de convivência dos homens –, produzirá um discurso capaz de cativar seus alunos sem a doutrinação cega dos pastores universitários, e unirá, como bem o fez Sócrates, *Logos* e *Eros* (*Discurso* e *Amor*), convidando os discentes a refletirem acerca da nova visão de mundo que lhes foi apresentada. Só através deste ambiente educacional divergente que caracteriza a *anarquia metodológica*, esta postura pedagógica capaz de promover um tão profícuo, benéfico e democrático embate de posicionamentos díspares, que poderemos recuperar o entendimento, a maioridade intelectual imensamente vivida por Kant e tão desejada pelos sábios: "Para este esclarecimento, porém, nada mais se exige senão LIBERDADE. E a mais inofensiva entre tudo aquilo que se possa chamar liberdade, a saber: a de fazer um uso público de sua razão em todas as questões. Ouço, agora, porém, exclamar de todos os lados: não raciocineis!".[11]

---

[11] Immanuel KANT, *Qu'est-ce que les lumières?*, p. 91.

3. A filosofia, a partir dos anos 1960, ganhou novamente um papel central na reflexão educacional, tendo como tarefa compreender o valor dos conhecimentos produzidos pela pedagogia: tratava-se de analisar minuciosamente o discurso e os valores postulados pela educação. Com isso, houve uma tentativa de diálogo entre a filosofia e a pedagogia. Nesse encontro, a filosofia foi beneficiada: assumiu uma perspectiva mais empírica, prática, próxima da experiência e do cotidiano da formação do homem. Por outro lado, o diálogo com a filosofia também enriqueceu a pedagogia: a reflexão pedagógica foi auxiliada pelo rigor da dúvida. A filosofia submeteu a pedagogia à crítica, à revisão, tentando despi-la das ideologias, desmascarando as teorias que enfatizavam posições demasiadamente partidárias, auxiliando a reflexão pedagógica no processo de desideologização. "Assim, também o político, que é um elemento central e irrecusável da pedagogia moderna, é submetido a uma revisão, a um controle racional (isto é, crítico), e é a filosofia que exerce esse controle, removendo a potência e a autoridade da ideologia."[12] A pedagogia, portanto, passa a buscar uma teoria da educação distanciada de posturas demasiadamente partidárias, tentando constituir-se como um saber universal, científico, e assim postulando uma crítica voraz a toda ideologia capaz de retirar sua legitimidade como ciência.

Caberia então à reflexão filosófica da educação atentar-se para toda ideologia que inviabilize o pensamento autônomo, instigando assim os pensadores da educação a refazerem o caminho reflexivo de uma teoria da educação que tenha a pretensão da universalidade científica.

O art. 1º do projeto de lei Escola sem Partido, inciso III, destaca que a educação nas escolas deve atender à liberdade de consciência e de crença, e, no inciso VII, salienta ainda que os estudantes devem receber uma educação moral que esteja de acordo com suas próprias convicções. Tais demandas parecem ser pertinentes e fáceis de se cumprir, porém na prática mostram-se hercúleas, pois, se o valor moral de um estudante,

---

[12] Franco CAMBI, *História da Pedagogia*, p. 404.

estreitamente ligado à educação dos pais e aos hábitos religiosos, é diferente do de outro aluno, então o professor encontra-se em uma grande aporia. Em qual valor moral o professor deverá se basear para realizar o seu trabalho docente? Qual religião deverá tomar como critério para o ensino da moral? Não há unanimidade moral na classe, ao contrário, há, na verdade, pluralidade moral e religiosa, o que inviabilizaria a unicidade de ensino, ou mesmo a prioridade de um único ponto de vista.

A situação fica ainda mais insolúvel quando a contradição se expressa no próprio projeto de lei, já que no art. 1º, inciso II, sustenta-se que a educação nacional deve fazer da escola um ambiente plural de ideias, as quais devem ser respeitadas sob o ponto de vista político; entretanto, ao que parece, quanto à moral e à religião, veda-se a pluralidade em nome do clientelismo: o professor teria que ministrar suas aulas atendendo às demandas dos pais e dos alunos, algo que parece impossível em razão da variedade moral e religiosa dos discentes. Portanto, as demandas do projeto de lei Escola sem Partido parecem ser irrealizáveis.

★ ★ ★

Se aprovado em algum momento da história, o projeto de lei Escola sem Partido traria consequências nefastas à medida que atenta contra a Constituição Federal, que em seu artigo 206, inciso II, garante ao professor e ao aluno a "liberdade de aprender, ensinar, pesquisar e divulgar o pensamento, a arte e o saber".[13] Além disso, o Ministério Público Federal encaminhou ao Congresso Nacional uma nota em que considera o projeto de lei em questão inconstitucional, pois subverte a ordem constitucional, já que impede o pluralismo das ideias, nega a liberdade de cátedra, a laicidade do Estado e a ampla possibilidade de aprendizagem.[14]

---

[13] BRASIL. CONSTITUIÇÃO (1988). CONSTITUIÇÃO DA REPÚBLICA FEDERATIVA DO BRASIL. ORG. ALEXANDRE DE MORAES. 42.ED. SÃO PAULO: ATLAS, 2016, ART. 206, INCISO II.

[14] Cf., *Folha de S.Paulo*. PROCURADORIA DIZ QUE PROJETO DE LEI ESCOLA SEM PARTIDO É INCONSTITUCIONAL. SÃO PAULO: JUL. 2016. DISPONÍVEL EM: HTTP://WWW1.FOLHA.UOL.COM.BR/EDUCACAO/2016/07/1794400-PROCURADORIA-DIZ-QUE-PROPOSTA-DE-ESCOLA-SEM-PARTIDO-E-INCONSTITUCIONAL.SHTML. ACESSO EM: 2 AGO. 2016.

É por este motivo que defendi a ideia de que o aluno deveria ser mergulhado em uma *anarquia formativa*, a qual permite a aproximação com as mais variadas perspectivas políticas, morais e religiosas, e, para tanto, faz-se necessário que a sala de aula se mostre como um ambiente de contradição, paradoxo, oposição, antinomia, discordância e de profundo respeito ao discurso alheio, pois, só assim, professor e aluno poderão trilhar a senda que liga o homem à maioridade da razão, ou seja, o esclarecimento autônomo.

INDICAÇÃO DE LEITURA: KANT, Immanuel. *Resposta à Pergunta: O que É Esclarecimento?*[15]

---

[15] Este ensaio de Kant encontra-se disponível em língua portuguesa na WEB: HTTP://CORAL.UFSM.BR/GPFORMA/2SENAFE/PDF/B47.PDF.

BIBLIOGRAFIA

BAUMAN, Zygmunt. *Amor Líquido: Sobre a Fragilidade dos Laços Humanos*. Rio de Janeiro: Jorge Zahar Editor, 2004.

BRASIL. *Constituição* (1988). Constituição da República Federativa do Brasil. Org. Alexandre de Moraes. 42. ed. São Paulo: Atlas, 2016.

CAMBI, Franco. *História da Pedagogia*. São Paulo: Unesp, 1999.

CHAUI, Marilena. *Simulacro e Poder: Uma Análise da Mídia*. São Paulo: Editora Fundação Perseu Abramo, 2006.

DOSTOIÉVSKI, Fiódor. *Os Irmãos Karamazov*. Trad. Paulo Bezerra. vol. I. São Paulo: Ed. 34, 2008.

ELIAS, Norbert. *A Solidão dos Moribundos*. Trad. Plínio Dentzien. Rio de Janeiro: Jorge Zahar Editor, 2001.

ÉPICTÉTE. *Manuel*. Trad. Emmanuel Cattin. Paris: Flammarion, 1997.

FREUD, Sigmund. Luto e Melancolia. In: *Obras Psicológicas de Sigmund Freud. Escritos sobre a Psicologia do Inconsciente*. vol. II. Rio de Janeiro: Imago, 2006.

FOLHA DE S.PAULO. Procuradoria Diz que Projeto de Lei Escola sem Partido é Inconstitucional. São Paulo, jul. 2016. Disponível em: http://www1.folha.uol.com.br/educacao/2016/07/1794400-procuradoria-diz-que-

-proposta-de-escola-sem-partido-e-inconstitucional.shtml. Acesso em: 2 ago. 2016.

GRAMSCI, Antonio. *Os Intelectuais e a Organização da Cultura*. 6. ed. Trad. Carlos Nelson Coutinho. Rio de Janeiro: Ed. Civilização Brasileira, 1988.

HUGO, Victor. *O Último Dia de um Condenado à Morte*. Trad. Annie Paulette Maria de Cambè. Rio de Janeiro: Clássicos Econômicos Newton, 1997.

KANT, Immanuel. *Qu'est-ce que les Lumières?* Trad. Jacqueline Laffitte. Paris: Éditions Nathan, 1981.

NABUCO, JOAQUIM. *Campanha Abolicionista no Recife – Eleições de 1884*. Brasília: Edições do Senado Federal, 2005.

_____. *Minha Formação*. São Paulo: Editora 34, 2012.

NEIMAN, Susan. *O Mal no Pensamento Moderno: uma História Alternativa da Filosofia*. Rio de Janeiro: Difel, 2003.

ONFRAY, Michel. *Tratado de Ateologia*. São Paulo: Martins Fontes, 2007.

PASCAL, Blaise. *Pensamentos*. Trad. Mário Laranjeira. São Paulo: Martins Fontes, 2001.

PLATÃO. *Críton*. Trad. Edson Bini. Bauru: EDIPRO, 2008. (Clássicos EDIPRO.)

PROJETO DE LEI Nº 867, ESCOLA SEM PARTIDO. Disponível em: http://www.camara.gov.br/proposicoesWeb/prop_mostrarintegra;jsessionid=3AFDD65B1A475D0B85FE2A43BE3D1331.proposicoesWeb1?codteor=1317168&filename=Avulso+-PL+867/2015.

QUINTANA, Mário. Caderno H. In: *Poesia Completa*. Rio de Janeiro: Editora Nova Aguilar, 2006.

_____. A Cor do Invisível. In: *Poesia Completa*. Rio de Janeiro: Editora Nova Aguilar, 2006.

RILKE, Rainer Maria. *Cartas a um Jovem Poeta*. Porto Alegre: Editora Globo, 1980.

SADE, Marquês de. *Os Infortúnios da Virtude*. São Paulo: Iluminuras, 2008.

SARAMAGO, José. *Ensaio sobre a Cegueira*. São Paulo: Companhia da Letras, 1995.

SCHOPENHAUER, ARTHUR. *Contribuições à Doutrina do Sofrimento do Mundo*. Trad. Wolfgang Leo Maar, Maria Lúcia Mello e Oliveira Cacciola. São Paulo: Nova Cultural, 1999, p. 277-279. (Coleção Os Pensadores.)

SVENDSEN, Lars. *Filosofia do Tédio*. Rio de Janeiro: Jorge Zahar Editor, 2006.

Conheça mais títulos da Filocalia:

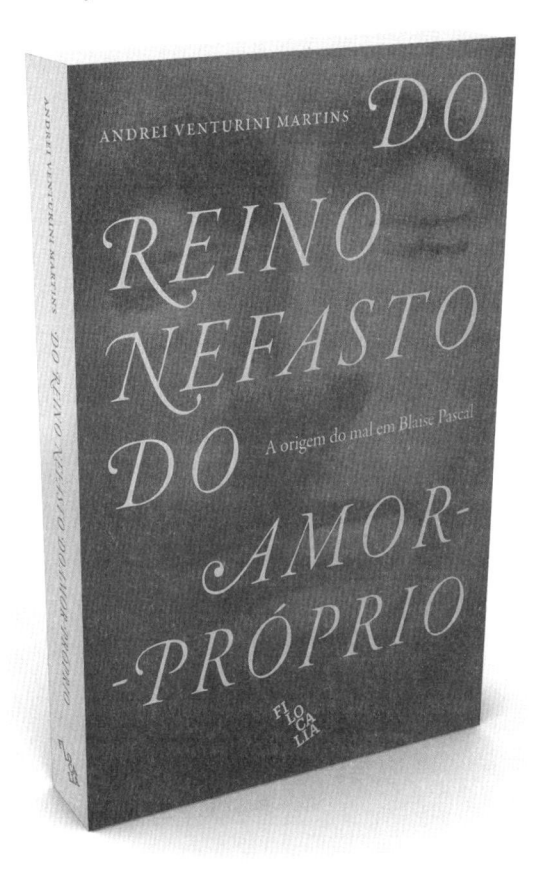

Em um texto forjado pela dor do luto – uma carta escrita a sua irmã por ocasião do falecimento de seu pai –, Blaise Pascal oferece dois conceitos-chave para a teoria do pecado original: o *amor-próprio*, que consiste no direcionamento a si mesmo do *amor infinito* devido a Deus, e o vazio infinito, isto é, a falta instituída no homem pela queda, somente preenchível pelo Cristo Mediador. Por meio de um estudo meticuloso da *Lettre*, das demais obras de Pascal – notadamente, os *Pensamentos e os Escritos sobre a Graça* – e dos autores que mais influenciaram o pensamento pascaliano – Santo Agostinho, Cornelius Jansenius e Saint-Cyran –, Andrei Venturini Martins demonstra a originalidade do filósofo francês na discussão sobre a origem do mal. *Do Reino Nefasto do Amor-Próprio* será uma leitura enriquecedora para estudiosos tanto de filosofia como de teologia, e para todos atentos à presença do mal no mundo.

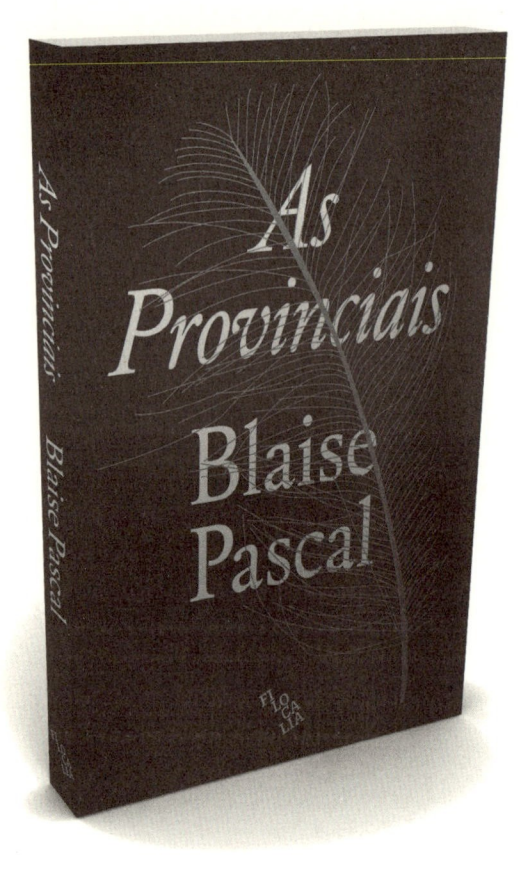

Escritas em meio ao pesado clima religioso do século XVII, entre janeiro de 1656 e maio de 1657, *As Provinciais* são uma série de dezoito cartas anônimas vendidas clandestinamente em Paris e posteriormente publicadas sob o pseudônimo de Louis de Montalte. Redigidas em defesa do jansenista Antoine Arnauld, que era amigo de Pascal e estava sob julgamento dos teólogos de Paris por se opor aos jesuítas, são conhecidas por sua lógica implacável e sua ironia sutil, mas demolidora, que causaram feridas incuráveis no prestígio da Companhia de Jesus.

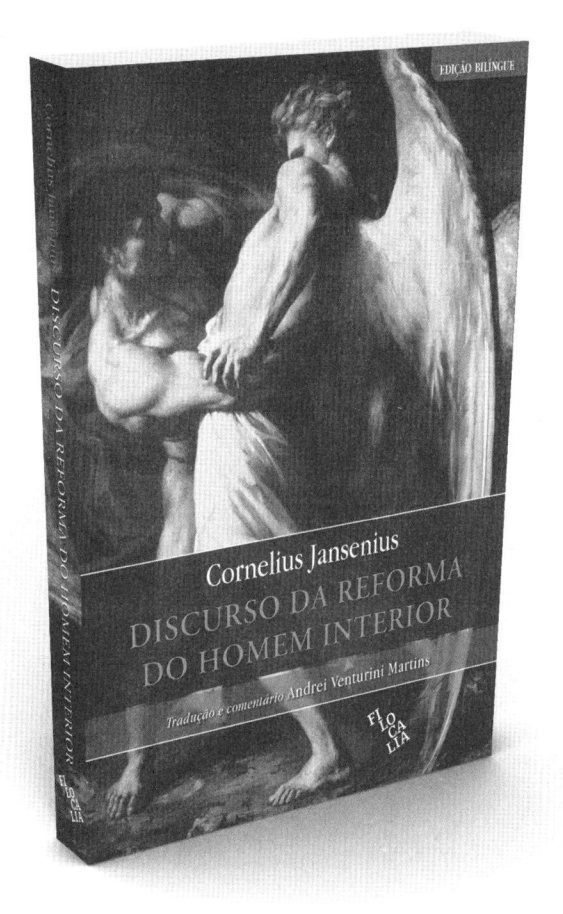

Tomando como ponto de partida uma passagem da epístola de São João, Cornelius Jansenius redige seu *Discurso da Reforma do Homem Interior* mais como obra devocional que como tratado teológico. O autor demonstra seu pessimismo em relação à natureza humana e discorre sobre a dependência absoluta da graça divina como único meio de vencer o pecado.

Os livros da Editora Filocalia são comercializados e distribuídos pela É Realizações

facebook.com/erealizacoeseditora   twitter.com/erealizacoes   instagram.com/erealizacoes   youtube.com/editorae

issuu.com/editora_e   erealizacoes.com.br   atendimento@erealizacoes.com.br